EDMOND DEMOLINS

L'Éducation nouvelle

L'ÉCOLE DES ROCHES

LIBRAIRIE DE PARIS

FIRMIN-DIDOT ET Cie, IMPRIMEURS-ÉDITEURS

A

M. JULES LEMAITRE

en remercîment

de son sympathique concours

DU MÊME AUTEUR :

A quoi tient la supériorité des Anglo-Saxons, un vol. in-12, 15e mille. 3 fr. 50

Le même ouvrage : Éditions anglaise, allemande, espagnole, polonaise et arabe.

Les Français d'aujourd'hui. — *** Les types sociaux du Midi et du Centre,** un vol. in-12. 6e mille. 3 fr. 50

En préparation :

Les Français d'aujourd'hui. — ** Les types sociaux du Nord.

TYPOGRAPHIE FIRMIN-DIDOT ET Cie. — MESNIL (EURE).

’Éducation nouvelle

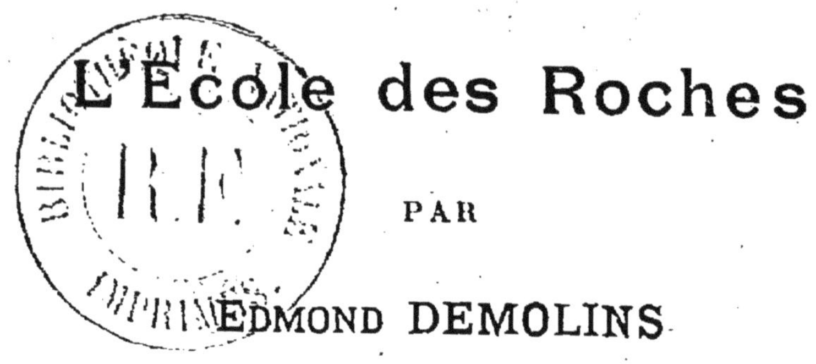

L’École des Roches

PAR

EDMOND DEMOLINS

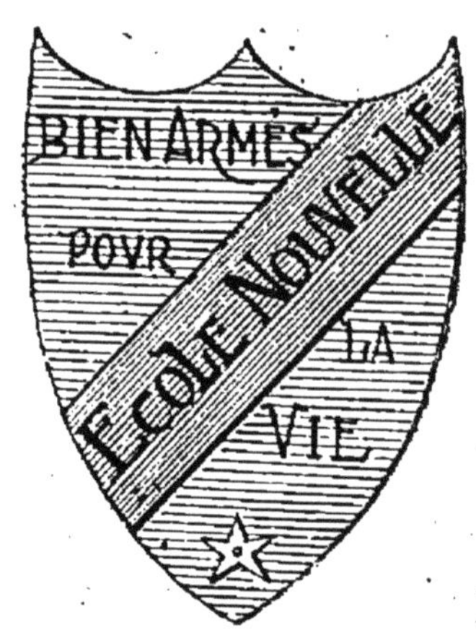

ÉCUSSON DE L’ÉCOLE NOUVELLE.

LIBRAIRIE DE PARIS

FIRMIN-DIDOT ET Cie, IMPRIMEURS-ÉDITEURS

56, RUE JACOB

PRÉFACE

Ceci n'est pas seulement un livre; c'est surtout un acte.

Nous entreprenons de créer en France un nouveau type d'École mieux approprié aux exigences de la vie actuelle.

Nous sommes soutenus, dans cette création, par un puissant mouvement d'opinion qui a trouvé, dans la Presse et jusque dans l'enceinte de la Sorbonne, d'éminents interprètes. Tout le monde déclare qu'il faut faire quelque chose; quelques-uns indiquent ce qu'il faut faire; mais nul, jusqu'ici, ne semble en mesure de passer de la parole à l'acte. Un membre éminent de l'Enseignement officiel reconnaît que cette évolution est nécessaire, mais qu'il faudra un demi-siècle à l'Université pour l'effectuer.

Les pères de famille ne peuvent pas attendre jusque-là.

J'ai reçu, en effet, un très grand nombre de lettres de pères et de mères de famille, qui me demandent si ce nouveau type d'École existe en France, ou qui me pressent d'aider à sa création, enfin, qui me font part de leur anxiété pour l'avenir de leurs enfants.

Ainsi poussé par la force même des choses, je me suis adressé à quelques amis dont je connaissais la générosité, le dévouement au bien public et l'intelligence de la situation actuelle. Nous avons immédiatement constitué ensemble un premier fonds social.

Sur ce fonds, nous avons acheté, en Normandie, dans le voisinage de Verneuil, sur la grande ligne de Paris à Granville, à deux heures de Paris, le château et la propriété des Roches.

Cette propriété, d'une étendue de 23 hectares, comprend une maison d'habitation et de vastes communs, un parc, un bois, des prairies, des terres en culture. A tous les points de vue, elle est admirablement située et disposée pour être transformée en École sur le modèle que nous avons en vue.

Actuellement, on entreprend les travaux d'agrandissement et d'aménagement nécessaires. Le capital déjà souscrit couvrira, outre le prix d'achat de la propriété, les premières dépenses de construction et d'installation.

Dès aujourd'hui, nous pouvons annoncer que *l'ouverture de l'École des Roches aura lieu au commencement d'octobre* 1899.

LE CHATEAU DES ROCHES AVANT LES AGRANDISSEMENTS ACTUELS.

Le succès de l'École nous paraît assuré par suite des circonstances suivantes :

1° Les nombreuses lettres que nous adressent des pères de famille, et le mouvement d'opinion qui s'accentue de jour en jour.

2° Le programme de l'École, qui, établissant plus de variété et un équilibre plus juste entre les diverses études, sera susceptible de former des hommes complets et en même temps des candidats mieux préparés aux différentes professions.

3° L'emploi de méthodes plus naturelles, plus rapides et plus pratiques pour l'enseignement des langues anciennes et des langues vivantes.

4° L'entente établie avec des Écoles anglaises et allemandes du même type, en vue de permettre aux élèves d'aller séjourner à l'étranger sans interrompre leurs études et d'acquérir ainsi la pratique des langues vivantes (1).

5° Le choix des professeurs. Ces professeurs accomplissent, dès maintenant, un stage dans les écoles anglaises qui pratiquent le système d'éducation qu'il s'agit d'introduire en France.

6° La vie plus libre, plus naturelle et plus fortifiante, aussi bien pour le corps que pour l'esprit, dans cette École établie à la campagne, ne comportant qu'un nombre limité d'élèves et agissant par la persuasion plus que par la contrainte.

(1) Bien que l'ouverture de l'École n'ait lieu qu'au commencement d'octobre 1899, on pourra cependant admettre, à Pâques de la même année, les élèves qui iraient faire un séjour préalable à l'étranger. Les frais de voyage sont à la charge de l'École. (Voir chap. VIII.)

Les statuts de la *Société de l'École nouvelle*, qui sont en préparation, contiendront les dispositions suivantes admises par les premiers souscripteurs.

Les membres de la Société, voulant qu'il soit bien établi qu'ils ne poursuivent pas une entreprise lucrative mais une œuvre d'intérêt public, s'interdisent de prélever plus de 3 % sur les bénéfices.

VUE DE LA SALLE A MANGER EN CONSTRUCTION.

Le surplus des bénéfices sera consacré à l'amélioration progressive des divers services de l'École.

La Société se réserve le droit, lorsque la situation de la première École sera assurée, d'aider à la création d'autres Écoles, soit du même type, soit de types différents, mais conçues dans le même esprit : externats urbains, ou écoles professionnelles pour employés de commerce ou pour ouvriers de l'industrie (1).

Elle interviendrait, en avançant des fonds aux jeunes professeurs qui seraient désireux de créer des institutions semblables, qui présenteraient toutes les garanties exigées et qui auraient fait un stage préalable en vue d'acquérir la formation nécessaire.

Mais, dès que ces derniers auraient remboursé les sommes ainsi avancées, la Société n'exercerait plus aucune action sur ces Écoles, qui deviendraient la propriété de ces professeurs et reprendraient leur complète autonomie.

Il importe, en effet, de créer des organismes libres et indépendants, ayant une vie propre, et non une grande administration centralisée, qui serait rapidement compliquée, paperassière et routinière.

Nous ne demandons qu'à nous susciter à

(1) Voir, au sujet de cette dernière catégorie d'Écoles, le troisième Appendice à la fin du volume.

nous-mêmes des émules et des concurrents; nous souhaitons que, faisant d'abord comme nous, ils fassent ensuite mieux que nous et nous incitent ainsi à faire mieux qu'eux.

Je crois devoir faire connaître les noms des premiers souscripteurs qui ont bien voulu se joindre à moi pour constituer le capital initial de la Société et qui méritent le titre de « fondateurs de l'École ». Ce sont :

MM. le Vte DE GLATIGNY.
Alfred FIRMIN-DIDOT.
le Vte Ch. de CALAN.
Paul LEBAUDY, député.
Pierre LEBAUDY.
Jules SIEGFRIED, sénateur, ancien ministre.
Marc MAUREL, armateur à Bordeaux.
EDOUARD H. KRAFFT.
Olivier BENOIST.
Olivier SENN, industriel au Havre.
RAVERAT.
Edmond MAREY.
P. LEBOUTEUX, ancien élève de l'Institut Agronomique.

Le présent volume a pour but de faire connaître aux pères de famille l'École nouvelle, son programme et les avantages qu'elle présente.

Convaincus que nous donnons le meilleur exemple, que nous accomplissons l'œuvre la plus utile et la plus urgente de l'époque actuelle et que nous l'abordons avec toutes les garanties de succès, nous nous adressons avec confiance à tous ceux qui ont l'intelligence des nécessités nouvelles.

Pères de famille, nous n'avons à compter que sur nous-mêmes pour opérer le sauvetage de nos enfants. C'est à nous d'introduire et de propager en France le type d'Écoles du vingtième siècle.

Ces écoles donnent à la race anglo-saxonne une puissance incomparable; nous ne devons pas lui en laisser le monopole.

Edmond DEMOLINS.

La Guichardière, par Verneuil (Eure).

L'ÉDUCATION NOUVELLE

CHAPITRE I

LE MOUVEMENT D'OPINION POUR LA TRANSFORMATION DE L'ÉCOLE

J'ai pu constater moi-même et directement ce mouvement de l'opinion.

Il m'a d'abord été révélé par les lettres si nombreuses et si pressantes, qui, depuis la publication d'un volume récent, m'arrivent chaque jour et véritablement me débordent.

Et c'est toujours le même cri : « Oui, vous avez mille fois raison, il faut transformer l'enseignement et l'éducation. — On suivra tous ceux qui voudront marcher dans la voie nouvelle. — Mais, en attendant, comment faire? — Faut-il envoyer notre fils en Angleterre?

C'est bien loin. — Existe-t-il en France une école suivant les types dont vous donnez la description? »

Les plus hardis me demandent l'adresse de ces écoles; plusieurs y ont déjà envoyé leurs fils, ou vont les y envoyer à la rentrée prochaine.

I

Je reproduis quelques extraits de lettres, pour indiquer la note générale.

Je désire en même temps, par cette publication, encourager ceux qu'effraient toute nouveauté et toute initiative personnelle, ceux qui aiment mieux suivre un mouvement que de le créer. Et ils sont nombreux en France!

Un officier de marine m'écrit : « Votre livre sur les Anglo-Saxons ayant attiré mes réflexions sur l'éducation anglaise, dont j'ai souvent eu l'occasion de constater les avantages, je vous serais reconnaisant de vouloir bien me donner l'adresse exacte des écoles que vous avez mentionnées, désirant leur demander leur programme respectif.

« Si je ne devais pas abuser de votre temps

et de votre obligeance, j'aurais grand plaisir à recevoir de vous tous les renseignements qui pourraient m'aider à m'éclairer davantage sur la direction et les études, ainsi que sur les dépenses auxquelles je devrais faire face pour y maintenir pendant un an deux de mes enfants qui vont avoir quinze et seize ans..... »

D'un négociant de Rouen : « Ayant lu votre ouvrage avec infiniment d'intérêt, je viens vous prier de bien vouloir me donner l'adresse exacte de M. Badley, pour avoir les renseignements nécessaires sur son école. J'ai un fils de quinze ans et demi que j'ai l'intention d'y envoyer... »

Trois mois après, le même correspondant m'écrit :

« Mon fils ira à Bedales à la rentrée du 29 avril... » — Il y est maintenant, je l'ai vu lors d'un récent voyage que j'ai fait en Angleterre; il me déclara qu'il était le plus heureux des élèves.

Un père de famille me demande l'adresse de l'école d'Abbotsholme pour quatre enfants qu'il voudrait envoyer en Angleterre. — Celui-là n'est pas un hésitant!

Voici maintenant un industriel de Seine-et-

Oise : « Je suis un industriel et viens seulement de trouver le temps, au cours d'un voyage, de lire votre ouvrage. Inutile de vous dire à quel point il m'a intéressé...Mais comme père, comme industriel, ayant deux jeunes garçons de dix et onze ans à élever, il me rend fort perplexe. Je suis sous le charme de votre chapitre sur le régime scolaire anglais et je viens vous demander s'il existe en France un établissement semblable, où la théorie et la pratique, les sports, la vie de famille soient également réunis. J'y mettrais bien volontiers mes enfants, jusqu'à ce que, un peu plus âgés, ils puissent être confiés à l'une de ces institutions anglaises... »

Autre lettre, d'un industriel de l'Hérault : «... Après la lecture de votre livre, ma résolution de mettre mon fils, âgé de douze ans, dans une des écoles que vous décrivez fut arrêtée. Je viens de faire exprès le voyage pour visiter l'école de Bedales dont le programme me satisfait pleinement. Je suis tout à fait décidé à envoyer mon fils en Angleterre. Comme nous habitons le Midi de la France, le sacrifice, surtout pour ma femme, sera très grand, car nous ne pourrons voir notre enfant qu'aux grandes vacances... »

ABBOTSHOLME.

VUE DE L'ÉCOLE.

Extrait d'une lettre d'un membre de l'Académie française, car la question intéresse tout le monde et tous les mondes : «... Je ne vous dirai pas ici ce que votre volume m'a suggéré, j'espère vous communiquer mes réflexions de vive voix. Je désirerais vous demander quelques indications supplémentaires sur les écoles d'Abbotsholme et de Bedales; ces renseignements pourraient avoir un intérêt pratique pour le père de plusieurs garçons que je suis, si je donnais suite à certaines idées que vous avez fait naître. Auriez-vous l'obligeance de me faire savoir quel jour et à quelle heure je pourrais frapper à votre porte sans vous déranger?... »

Du Havre, sans indication de profession, on me demande également l'adresse de ces écoles, en ajoutant : «... Je serais, en effet, désireux d'envoyer mon fils dans une de ces écoles, afin de le faire profiter d'un mode d'instruction et d'éducation dont j'apprécie entièrement la valeur et qu'il est malheureusement impossible de trouver en France... » Même demande de la part d'un grand propriétaire.

Voici ce qu'une mère de famille m'écrit de Toulouse : «... Vous ne serez pas étonné qu'une mère de famille s'adresse à vous pour avoir quelques renseignements sur les écoles dont vous avez donné la description, et que vous avez su faire apprécier par tous ceux qui ont à cœur l'avenir de leurs enfants. On déplore de n'avoir pas en France des écoles de ce genre, lorsqu'on réfléchit aux avantages qui pourraient en résulter.

« J'ai deux garçons, mais il leur manque cet esprit d'initiative si nécessaire aujourd'hui pour réussir. Ils sont jeunes et nos études à bride abattue ne laissant place pour aucune idée ou pensée personnelle, ne remplissent pas du tout le but que je voudrais atteindre.

« Si l'école de Bedales pouvait m'inspirer confiance au point de vue religieux, je n'hésiterais pas à y envoyer mes enfants. Pardonnez, Monsieur, mes questions qu'en somme vous avez fait naître, en dévoilant aux pères et mères de France des voies que beaucoup devraient ou voudraient suivre... »

Un officier m'écrit de Poitiers où il est en garnison : «... J'ai trois enfants dont un fils de neuf ans. Je ne voudrais en faire ni un fonctionnaire ni un militaire, et désirerais le diriger soit vers l'industrie, soit vers la colonisation. Malheureusement je rencontre un obstacle dans le caractère de l'enfant qui est doux et sans énergie. J'aimerais à l'envoyer en pension en Angleterre, dans une de ces écoles qui préparent les jeunes gens à être colons ; je viens vous demander de vouloir bien m'envoyer quelques conseils à ce sujet... »

Voici maintenant une lettre d'un grand fabricant de rubans, soieries et velours de Saint-Étienne, avec succursales à Lyon et à Paris : « Je viens de lire et de méditer votre livre; il y a longtemps que je partage vos idées et, malgré le charme et la tranquillité des sociétés communautaires (je viens de faire un voyage en Russie où l'idée de communauté est si répandue et si florissante), je persiste à préférer la méthode anglo-saxonne, que j'ai vue et étudiée de près dans un voyage que j'ai fait l'année dernière en Angleterre. D'ailleurs, j'ai adopté comme règle de ma vie la devise : *Non verba sed acta*, et je m'en trouve bien.

« Charmé par le programme d'éducation que vous indiquez page 64 de votre livre et ayant un fils de huit ans à qui je voudrais voir suivre la carrière d'agriculteur et devenir, si c'est possible, ingénieur agronome, je prends la liberté de vous demander, en m'autorisant de la sympathie que j'éprouve pour votre patriotique livre, si vous connaîtriez en France une institution dont le programme se rapproche de celui que vous décrivez. »

Les lignes suivantes sont signées d'un consul du Portugal établi dans un de nos grands ports : «... J'ai un fils de douze ans qui termine sa quatrième. Dans trois ou quatre ans ce sera un bachelier de plus, c'est-à-dire un être n'ayant appris, et mal appris, que du latin et du grec et absolument désarmé devant la vie. Il serait peut-être encore temps de le sauver. J'ai été profondément frappé du programme d'éducation de ces collèges anglais que vous décrivez dans votre ouvrage et je ne saurais trop vous remercier si vous vouliez bien me donner des renseignements plus complets à ce sujet... »

Autre lettre d'un grand propriétaire rural du Nord de la France : J'ai lu votre excellent livre sur la supériorité des Anglo-Saxons et je partage absolument vos idées. Aussi ai-je un vif désir de causer avec vous au sujet de mon fils âgé de onze ans que je désire envoyer l'année prochaine, après sa première communion, dans une des écoles anglaises dont vous donnez la description. Ma femme a, comme moi, le plus

P. 8

BEDALES. — UNE DES FAÇADES DE LA MAISON PRINCIPALE.

grand désir d'en faire un homme. Voudriez-vous me fixer un rendez-vous, je m'empresserai de m'y rendre... »

J'ai eu le plaisir de voir l'auteur de cette lettre ainsi que sa femme; leur fils est actuellement en Angleterre. J'en ai été informé par la lettre suivante de la mère :

« ... Nous avons conduit notre garçon à Bedales au mois de mai. Il s'y plaît beaucoup et qualifie son école de « vrai Paradis ». Tout est donc pour le mieux et, le sachant heureux, je supporte bravement la séparation... »

J'ai vu récemment à Bedales ce jeune garçon qui est un bon type de petit Bob : « Oh ! Monsieur, m'a-t-il dit, avec son air éveillé, c'est une « chic » école! et je veux y rester jusqu'à ce que je sois le plus ancien, le *captain.* »

Lettre d'une grand'mère; elle est datée de Paris : « Ma fille aînée s'occupe de l'éducation de son seul garçon. Elle me prie de vous demander quelle serait, en France, l'institution réalisant le mieux vos desiderata, pour l'éducation d'un jeune homme. Elle se propose de faire connaître à ses amies vos études si intéressantes pour le relèvement de notre chère patrie... »

Une mère de famille avisée, qui habite Saint-Cyr, me fait part des difficultés qu'elle rencontre : « ... J'ai trois fils dont je m'occupe beaucoup, et je suis désolée de constater que l'éducation du lycée est si absolument en désaccord avec mes idées. Constamment occupé de choses abstraites, l'enfant n'a jamais le temps, ou si peu, de s'intéresser aux choses pratiques de la vie. Surmené, il n'a pas le temps de s'adonner aux exercices, aux sports divers qui le rendraient plus vigoureux. Aussi est-ce avec un grand intérêt que je suis le mouvement en faveur de la réforme de notre éducation.

« Je gémis de voir mon fils aîné, âgé de douze ans, si peu débrouillard (pardonnez-moi l'expression), incapable de me rendre un service pratique, manquant d'initiative, de volonté. J'en accuse le lycée, les devoirs trop nombreux et vous venez de me montrer par votre livre que je devrais peut-être commencer par m'accuser moi-même.

« Toutes les fois que nous avons à parler d'une affaire, d'une chose sérieuse, nous ne manquons pas, son père et moi, d'attendre que nos fils ne soient pas là et si, par hasard, ils se mêlent d'entrer un peu dans notre vie, de nous questionner, ils sont immédiatement remis à leur place, par des phrases dans le genre de celles-ci : Cela ne vous regarde pas. — Occupez-vous de vos devoirs! — A votre âge, on ne compte pas. — Taisez-vous.

« J'ai cherché à inculquer à mes fils le principe suivant : Les enfants sont généralement ennuyeux, ils doivent faire en sorte, surtout quand ils sont ailleurs que chez eux, qu'on ne s'aperçoive pas de leur présence. Et j'étais récompensée de ces efforts par une phrase de mes amies : « Vos enfants sont si bien élevés!!! »

« En quelques lignes vous m'avez montré, Monsieur, que je faisais peut-être fausse route. Vous me rappelez cette pensée lue je ne sais où : « Plus tôt vous traitez l'enfant en homme, plus tôt il le deviendra. »

« En général, je conviens, comme vous le dites, que les mères françaises sont un bien grand obstacle aux idées que, vous et M. Bonvalot, vous prêchez, et que leurs filles ne sont pas des femmes pour les colons... La vraie femme du vingtième siècle, comme je la rêve, serait à la fois l'amie, l'associée et la camarade de son mari.

« Pour ses enfants, il faudrait qu'elle ne fût

pas seulement la mère respectée, mais aussi une confidente, ayant assez vu la vie, non pas pour tout approuver, mais pour tout comprendre. Nous ne devons plus prendre comme idéal la matrone romaine, dont on disait : « Elle resta chez elle et fila de la laine. »

Un officier de marine, en rade de Brest, m'adresse une longue lettre dans laquelle il déplore l'éducation trop théorique qu'il a lui-même reçue et dont il souffre.

« ... Je viens de lire avec une joie profonde vos deux livres. Ils ont éclairé d'un grand jour bien des idées qui étaient obscurément dans ma tête...

« Permettez-moi de vous dire un mot de moi. J'ai l'empreinte du grand internat, de l'École polytechnique et de la « servitude militaire »... A mon entrée dans la marine, j'ai dû constater que je ne savais pas voir, que les réalités ne me frappaient pas. J'ai fait des progrès depuis lors. J'ai même dessiné pour m'y obliger. Mais, en général, le détail pratique continue à m'ennuyer et souvent je ne le vois pas...

« Comme il m'est arrivé souvent de rêver à ces personnages que sont vraiment les directeurs d'école que vous décrivez : créant de la volonté, de la force, des corps et des âmes d'hommes!... »

Notre système d'éducation, qui forme si mal des hommes, au physique et au moral, a en outre l'inconvénient de révolter certaines natures d'enfants. Elles ne peuvent se plier à ce régime claustral, compressif et plus ou moins militaire, qui contrarie la nature, au lieu de l'aider à s'épanouir. Tel est le cas qui m'est signalé dans la lettre suivante écrite par un grand industriel de Paris :

«... La lecture de votre ouvrage me fait espérer que je trouverai auprès de vous le conseil que je demande vainement, depuis de longs mois, à des membres, éminents cependant, de l'Université.

« J'ai un fils âgé de onze ans qui fréquente le lycée depuis tantôt six ans. Quoique doué d'une grande intelligence, il n'a jamais rien fait de bon et sa conduite, au point de vue de la discipline, laisse beaucoup à désirer.

« Les essais de grand internat ont produit des résultats déplorables. Dans ces énormes agglomérations, l'individu disparaît et il n'y a pas à compter sur une surveillance suffisante, ni sur un effort quelconque pour redresser les natures quelque peu rétives.

« Mon intention serait donc d'envoyer cet enfant dans une des Écoles que votre livre décrit d'une façon détaillée et qui me paraît convenir au tempérament de l'enfant... »

Il est inutile de multiplier ces extraits; j'ai reçu des centaines de lettres du même genre. Celles-ci peuvent suffire pour le but que je me propose.

II

Le mouvement que je signale s'est traduit à certains moments par des manifestations publiques qu'il importe également de noter.

Il s'est accusé en particulier dans les discours de distributions de prix prononcés l'année dernière et cette année. Les représentants de l'enseignement actuel n'ont pu s'empêcher de faire écho aux préoccupations des esprits.

C'est ce que constatait, à l'époque, le journal *le Temps*, dans un article intitulé : *Exhortations viriles*.

« Nous venons, disait-il, de parcourir le texte des harangues de distributions de prix et, ce qui nous a frappé, c'est l'accord non pré-

P. 14

BEDALES. — VUE PARTIELLE DE LA SALLE A MANGER.

médité des principaux orateurs pour faire entendre à la jeunesse des conseils à peu près semblables. Au lieu de se borner, comme on s'y complaisait autrefois, à d'élégantes dissertations sur la culture classique, les méthodes, les examens, ou à d'ingénieuses analyses morales, presque partout on s'est attaché à parler le langage de l'action, à faire l'éloge des qualités viriles, de l'esprit d'initiative, même de l'esprit d'audace et de combattivité.

« C'est, par exemple, M. René Millet, résident général à Tunis, qui s'est félicité du développement des exercices physiques et de l'abandon « de ce système monstrueux d'éducation dans « lequel on ne s'occupait que de la tête ». C'est M. Buisson, qui a glorifié le vouloir individuel et montré la nécessité de faire avant tout des hommes, dans le sens le plus énergique du mot. C'est encore M. Hattat, conseiller municipal de Paris, qui a condamné la doctrine de « l'État tuteur de l'individu » et exhorté les jeunes gens à se lancer dans les entreprises libres, même lorsqu'elles auront un caractère aventureux. Ce sont enfin plusieurs autres, qui ont ouvert devant les jeunes imaginations les immenses perspectives de notre empire colonial, parlé de l'existence large et indépendante que l'on pouvait s'y créer, tout en contribuant à accroître la puissance, la grandeur et le prestige de la mère patrie.

« Aujourd'hui donc une réaction se manifeste et nous avons une tendance à regarder du côté des Anglais... Ce mouvement ne peut que réjouir le cœur des patriotes... Il convient de saluer cette éloquence martiale avec un frisson joyeux et d'y voir à la fois un avertissement, une promesse et un espoir. »

Parmi les discours qui, à notre connaissance, se sont inspirés de cette note, nous pouvons encore citer :

Au lycée Condorcet, celui de M. Petit de Julleville : «... Pour mieux appuyer les faibles, il faut d'abord que vous soyez forts. Ayons le courage de dire qu'il y a deux sortes de solidarité : la vraie et la fausse, la bonne et la mauvaise. La première consiste à faire le plus qu'on peut pour les autres ; celle-ci est excellente, pratiquez-la de toutes vos forces. L'autre consiste à attendre que les autres fassent tout pour nous; cette solidarité-là ne vaut rien, quoiqu'elle ait aussi ses apôtres et ses admirateurs. Défiez-vous en. Pour vous-mêmes, ne comptez pas trop sur autrui. Comptez d'abord sur vous, sur votre énergie, votre volonté, votre patience, votre esprit de suite. Efforcez-vous de vouloir... »

Au lycée Michelet, le discours de M. Perrens, membre de l'Institut, sur les avantages que présente l'établissement des collèges à la campagne.

Au lycée Voltaire, M. Marcel Dubois insiste sur l'importance de la colonisation. De même, au lycée Buffon, le général Marcille.

Au lycée Charlemagne, M. Faguet entreprend de démontrer que les professions manuelles ne sont pas inférieures aux professions libérales.

Au lycée Chaptal, M. Launay exhorte les jeunes gens « à développer toutes les branches de l'activité industrielle, commerciale, agricole, et à porter au loin le renom de la France, au lieu de végéter dans la mère patrie. »

Au lycée Sainte-Barbe, M. Noblemaire fait un discours dans le même sens, etc., etc.

Cette année, les discours de distributions de prix ont encore accentué la note, soit pour demander la réforme de l'enseignement dans un sens plus moderne, soit pour demander la réforme de l'éducation en vue du développement de l'initiative, de la volonté, de l'énergie individuelle. Je citerai seulement deux exemples.

Au lycée Charlemagne, le discours d'usage a été prononcé par M. Max Egger, professeur de troisième, qui a traité un sujet bien caractéristique et bien nouveau en pareille circonstance : *De l'initiative.*

Ensuite, le président, M. Sarrut, avocat général à la Cour de Cassation, a parlé de « l'instance pendante » entre les classiques et les modernes.

« Mon intention, dit-il, n'est pas de passionner le débat. La question est-elle bien posée? Pourquoi crier sus à l'enseignement classique? Pourquoi condamner *a priori* l'enseignement moderne? Laissons les chefs de famille, les élèves, opter à leur gré, selon leurs préférences. Mais est-il juste, est-il bon que certaines carrières soient interdites aux élèves de l'enseignement moderne? Cet enseignement ne peut-il préparer utilement à toutes les carrières?

« En ce qui concerne la Faculté des lettres, je proclame mon incompétence absolue. Laissons à la docte Faculté de médecine le soin de démontrer gravement que le latin et le grec ont quelque rapport avec le diagnostic des maladies et leur traitement. Quant aux études juridiques pour la magistrature, le barreau, le notariat, le latin et le grec sont absolument inutiles.

« Veut-on immédiatement la preuve par le fait de cette allégation? La cour de Cassation est assurément entraînée par la nature de ses attributions à approfondir le droit théorique, à remonter aux sources, à renouer les traditions historiques. Eh bien, jamais nous ne consultons ni les textes du droit romain, ni ses commentaires. Aucun arrêt de la Cour de Cassation ne se réfère à un texte de droit romain. Les compilations des lois romaines, trois énormes volumes, *rudis indigestaque moles*, les commentaires anciens (car on n'en achète plus depuis longtemps) dorment du plus profond sommeil dans quelque vieille armoire, couverts sans doute d'une couche épaisse de poussière. Ils sont aux oubliettes, et l'on pourrait dire d'eux ce que Voltaire disait des Cantiques sacrés de Lefranc de Pompignan :

Sacrés ils sont, car personne n'y touche.

«... Prétendre qu'on ne peut, sans l'étude du droit romain, devenir un jurisconsulte, un magistrat compétent, un avocat distingué, c'est méconnaître manifestement la réalité des faits. Pourquoi, dès lors, n'y a-t-il, pour l'accès à la carrière du droit, équivalence entre les deux baccalauréats? Pourquoi cet ostracisme dont l'enseignement moderne est frappé? Pourquoi cette atteinte au principe d'égalité?

« Dira-t-on que les textes grecs ou latins peuvent seuls former l'esprit? Affirmation purement gratuite. Est-il donc si facile d'expliquer une page de Montaigne, de Pascal, de Diderot, de Voltaire ou de Michelet? Le champ de la littérature française et des littératures étrangères est illimité. Pourquoi dès lors s'attarder, s'immobiliser dans le passé? N'a-t-on pas encore extrait tout leur suc des littératures anciennes? Ne s'est-il pas opéré une sorte de transvasement, de transfusion? Est-il donc nécessaire de connaître l'hébreu et le grec pour lire la Bible, de connaître le grec pour goûter, à la lecture ou à la scène, les beautés d'*OEdipe roi*. »

Au surplus, ajoute M. Sarrut, soyez classiques ou modernes, la question est de peu d'intérêt, mais avant tout soyez des hommes d'action, courageux dans la lutte pour la vie et fermement résolus à défendre nos libertés et nos droits.

Au lycée Voltaire, la distribution des prix a eu lieu sous la présidence de M. Binger, directeur des affaires d'Afrique au ministère des

Colonies. Il a donné quelques conseils à ses jeu-

BEDALES. — LE COTTAGE DE L'INFIRMERIE.

nes auditeurs sur le choix qu'ils ont à faire d'une carrière :

«... Ce serait un tort de croire que l'élite d'une nation se recrute exclusivement dans les lettres ou dans les carrières libérales, car elle se recrute dans tous les milieux et dans toutes les branches.....

« Les élus, dit M. Binger, sont en petit nombre, dans les lettres et les carrières libérales, dans le fonctionnarisme aussi; et vous trouverez certainement beaucoup plus de satisfaction dans le commerce, l'agriculture et l'industrie, en vous libérant du préjugé trop répandu qui met ces carrières au second rang.

«... A présent que le champ commercial s'est étendu et généralisé, qu'il embrasse les deux hémisphères, ne sentez-vous pas avec quelle largeur de vues vous pourrez entreprendre une lutte qui vous donnera toutes les sensations que que votre ardente jeunesse désire?

«... Dans le domaine de l'agriculture, maintenant que les terre d'Europe sont, par des siècles de culture, devenus difficilement exploitables avec de grands rendements, n'apercevez-vous pas au loin ces immensités qui n'attendent qu'une mise en valeur? »

Mais la voix la plus autorisée et la plus éclatante qui se soit élevée, celle qui a le plus agi sur l'opinion et qui, décidément, l'a entraînée, est celle de M. Jules Lemaître.

D'abord, dans une série d'articles publiés par le *Figaro* sous ce titre : *Opinions à répandre*, puis dans une conférence désormais célèbre qu'il a donnée en pleine Sorbonne, il a, avec autant d'ironie que de bon sens et de force, fait le procès de l'enseignement actuel. Ensuite, il a proposé, comme programme de l'École nouvelle, le programme de ces Écoles anglaises dont nous parlons plus haut.

Après lui, M. Bonvalot, le célèbre explorateur, a montré par des faits nombreux comment l'éducation actuelle paralysait la puissance d'expansion de la race.

Il faut lire en entier le discours de M. Jules Lemaître que nous publions en Appendice; les pères et les mères de familles, en particulier, doivent se pénétrer de ces idées libératrices et s'en inspirer pour l'éducation de leurs enfants.

Ce qui a encore ajouté à l'importance de ce discours, ce n'est pas seulement le nombre des auditeurs qui s'élevait à quatre mille environ, remplissant le grand amphithéâtre de la Sorbonne, c'est encore la nature de l'auditoire. Tout ce que l'Université et nos grandes écoles comptent de plus illustre comme professeurs s'était rassemblé là, ainsi qu'on peut le constater par la liste qu'a publiée le Comité Dupleix. Il fallait un pareil auditoire à une pareille manisfestation.

Parmi les auditeurs, se trouvait M. Lavisse, le collègue de M. Lemaître à l'Académie française et l'un des personnages les plus influents de l'Université.

Déjà, à plusieurs reprises, il avait élevé la voix pour demander une réforme de l'enseignement dans le même sens. Mais, récemment, il vient de publier, dans le journal *le Temps*, un article, par lequel il apporte plus expressément, à la création de l'École nouvelle, l'appui de sa haute autorité.

« ... La méthode actuelle de l'éducation, dit-il, ne convient plus à notre temps. Il y a en elle trop de survivances du passé. Malgré les progrès accomplis et les intentions généreuses exprimées, l'écolier continue à être traité comme un contribuable duquel on exige certaines sommes de travail sans jamais lui donner de raisons, comme un prévenu de fainéantise et de turbulence, soumis à l'obligation des tâches continues, mis entre brancards et sous bride.

Nous ne savons pas faire en lui l'éducation de la liberté.

« Notre éducation, après tant de révolutions, par lesquelles le monde a été transformé, demeure à peu près, dans ses intentions générales, ce qu'elle était jadis...

« Une éducation nouvelle provoquerait l'écolier, aujourd'hui trop passif, à l'activité intellectuelle. Elle lui laisserait dans toute sa conduite morale une part de liberté, qui grandirait à mesure qu'il grandirait lui-même. Il n'est pas naturel que l'élève philosophe, à qui la moustache commence à pousser, soit traqué par la surveillance presque autant que le bébé des petites classes, dont la seconde dentition vient de s'achever.

« En un mot, l'éducation nouvelle se proposerait d'assurer à la société actuelle les activités libres dont elle a besoin, comme l'éducation ancienne procurait à l'ancienne société des obéissances dont elle vivait.

« Si l'écolier « moderne », celui qui n'apprendra ni grec ni latin, doit arriver à la vie, encombré de fragments indigestes d'une encyclopédie, non point surmené, car il n'existe point, hors dans la préparations aux grandes écoles, de surmenage, mais l'esprit lassé, dégoûté, veule, et, d'autre part, indiscipliné, parce qu'il n'a pas été habitué à vivre sous une discipline consentie, l'écolier moderne ne m'intéresse pas. Il ne m'intéresse plus parce que je le connais; c'est une très vieille connaissance.

« On veut l'admettre aux études d'enseignement supérieur qui jusqu'à présent lui furent interdites, et je ne vois aucune raison soutenable de l'empêcher de faire des études juridiques ou médicales. Je suis pour l'équivalence des baccalauréats classique et moderne. Mais, si le bachelier moderne équivaut au classique, s'il a été éduqué de la même façon, le beau progrès que nous aurons fait! Comme les camarades, en passant du collège à l'Université, il sera jeté tout à coup du régime de la surveillance constante et de la perpétuelle contrainte et docilité, à celui de la liberté sans contrôle; il ne saura trouver ni la règle de sa vie morale, ni la règle de sa vie intellectuelle. La liberté pour lui sera le désordre; l'habituelle manifestation de cette liberté, « le chahut » et, d'autre part, dressé à l'inertie, passif toujours, sans curiosité, sans désintéressement, il continuera à faire des

BEDALES. — UNE DES DÉPENDANCES DE L'ÉCOLE.

devoirs, à apprendre des leçons pour l'examen.

« S'il ne va point à l'Université, il y a bien des chances pour qu'il cherche tout de suite un emploi tranquille. L'écolier moderne, comme l'autre, sera, par une force invincible, conduit de la table de l'étude à la table du bureau ; son idéal sera de faire des devoirs toute sa vie.

« Le collège d'aujourd'hui est l'antichambre de tous les bureaux.

« La transformation du collège est une des choses les plus difficiles qu'il y ait au monde, mais elle n'est pas impossible. Il a fallu une trentraine d'années pour transformer notre enseignement supérieur; ici on a su, dès le premier jour, ce qu'on voulait, et on l'a voulu jusqu'à l'achèvement, et l'œuvre est belle. Plus difficile, plus longue sera la réforme de l'éducation dans les collèges : il y faudra peut-être un demi-siècle; mais c'est une raison pour la commencer tout de suite et pour la suivre.

« Il faudra préparer les professeurs à cette œuvre, en donnant aux jeunes gens qui se destinent au professorat l'éducation professionnelle, qui leur manque à peu près complètement (chose invraisemblable), et provoquer ainsi en eux l'esprit de réforme.

« Supprimer dans les collèges l'uniformité du régime intellectuel et moral, cette uniformité étant conservatrice de l'ancien régime, en matière d'éducation comme en matière politique;

« Supprimer les causes de l'uniformité, par exemple le baccalauréat, qui asservit et démoralise les études; donner aux collèges, où sévit aujourd'hui l'individualisme, le caractère de personnes collectives; leur accorder une initiative;

« Reviser les méthodes et tout le système des tâches scolaires;

« Faire de la discipline un apprentissage de la liberté; mettre le mouvement et l'entraînement là où si longtemps on a essayé de se procurer la plus grande somme possible de docilité et d'immobilité.

« Je répète que tout cela est fort difficile, mais on ne sait point assez combien il y a aujourd'hui de jeunes professeurs dont la bonne volonté est prête pour une régénération, et puis je demande un demi-siècle!

« Le malheur, c'est que, lorsqu'on parle d'un demi-siècle en France, on fait rire le monde.

Un demi-siècle! Y pensez-vous? Nous ne sommes point assurés de demain. La comédie politique qui se joue à la surface de notre pays semble nous faire perdre l'idée même de la durée de la France. Les éphémères qui se succèdent au pouvoir vivent au jour le jour, étant éphémères. Ils oublient que la France leur survivra; et c'est une chose extraordinaire et très grave qu'il ne se rencontre point d'hommes d'État capables de commencer au moins quelque grande chose et d'ouvrir à ce pays des perspectives sur l'avenir. »

M. Lavisse n'a que trop raison quand il dit que, pour réformer notre système d'éducation, l'Université a besoin d'un demi-siècle. Ces grands corps, en effet, ces énormes mécanismes à engrenages multiples et compliqués ne sont susceptibles que d'évolutions très lentes.

La routine séculaire, qui fait une partie de leur force dans les temps de quiétude, fait aussi leur incurable faiblesse aux époques — et c'est le cas — où il est nécessaire d'opérer des transformations. Alors, tous ces hommes plus ou moins commodément installés dans des situations toutes faites, dont ils ont pris la pénétrante empreinte, habitués depuis de longues années à un petit train-train uniforme, opposent, à toute tentative d'innovation qui vient les déranger, la force la plus puissante de toutes, la force d'inertie. Un demi-siècle ne sera certainement pas trop pour mettre cette masse en mouvement.

Malheureusement, les pères de familles ne peuvent attendre jusque-là.

Dans un demi-siècle, leurs fils, leurs petits-fils et presque leurs arrière-petits-fils seront élevés; et ils seront, comme nous l'avons été nous-mêmes, mal élevés et déformés pour la vie.

Mais ce que ni l'Université, ni les grands corps religieux enseignants, ni les hommes publics ne peuvent faire immédiatement, de simples particuliers, de simples pères de familles, peuvent l'entreprendre. L'initiative individuelle et privée est cent fois plus forte, cent fois plus souple et alerte, parce qu'elle peut se mettre en mouvement sans attendre que les voisins, que les chers collègues se mettent en mouvement; parce qu'elle n'a à compter avec personne qu'avec elle-même et avec les circonstances auxquelles elle s'adapte sans effort; parce qu'elle n'est pas dominée, réglementée par une hiérarchie compliquée au sommet de laquelle se trouvent des vieillards, vénérables sans doute, mais obstinément tournés vers le passé, n'ayant plus d'ailleurs ni la force de corps, ni l'élasticité d'esprit nécessaires pour devenir des hommes nouveaux prêts à des choses nouvelles.

Comment ces hommes seraient-ils portés au progrès dans une société qui, dès le collège, façonne de précoces vieillards?

Si nous sommes le peuple qui fait le plus facilement des révolutions, nous sommes aussi un de ceux qui font le plus difficilement des évolutions. Les peuples que mille entraves empêchent de progresser normalement sont portés à progresser révolutionnairement. Il faut bien que le progrès se fasse de gré ou de force.

CHAPITRE II.

LE TYPE ANCIEN DU PROFESSEUR ET DE L'ÉCOLE.

Pour bien marquer quelle est la transformation qu'il s'agit d'abord d'opérer, il nous faut esquisser en quelques traits le type ancien du Professeur et celui de l'École.

Actuellement, le professeur est représenté en France par deux personnages :

1° *Le Maître de Classe,* ou le Professeur proprement dit ;

2° *Le Surveillant*, ou maître d'études, vulgairement et irrévérencieusement appelé *le Pion*.

Quels sont les rapports de l'un et de l'autre avec les élèves ?

Le maître de classe habite avec sa famille hors de l'École. Il n'y vient strictement qu'aux heures où il doit faire la classe. Il monte dans une chaire, parle du haut de la chaire et, quand l'heure qui marque la fin de la classe a sonné, il descend de la chaire et s'empresse de regagner son domicile en ville. Si c'est un professeur congréganiste, il s'empresse de regagner sa chambre.

Dans l'Université, un professeur doit au maximum dix-huit heures de classe par semaine et, comme un ouvrier strict, quand il a donné ce temps de présence, il a droit à sa liberté, et naturellement il la reprend.

Pendant le temps de la classe, le professeur n'a devant lui, et à distance respectueuse, qu'une collectivité d'enfants; il n'a pas, il ne peut pas avoir de rapports personnels avec eux.

Il est vrai que le professeur a le droit de faire appeler l'élève pendant les études. Mais c'est là une faculté dont il n'use que très exceptionnellement.

S'il entreprenait de faire venir individuellement et régulièrement les trente élèves qui, en moyenne, forment sa classe, la plus grande partie de son temps libre y passerait. En fait, il le fait très rarement, cela est de notoriété publique, et, étant donné le système, on ne peut lui en faire un reproche.

Un jeune garçon, élève d'un collège qui passe

pour organisé très paternellement, m'affirmait qu'il n'a pas été une seule fois en communication personnelle avec son professeur et que ses condisciples étaient à peu près dans le même cas. Toutes les personnes que j'ai interrogées m'ont fait des déclarations analogues. Mes propres souvenirs concordent exactement avec ces déclarations.

Le système actuel ne comporte donc aucun rapport *personnel* et *suivi* entre le maître et l'élève.

Reste le Surveillant, ou Pion.

Celui-ci a plus de rapports, mais ils sont généralement désagréables.

Il est logé et nourri à l'École, c'est vrai; mais sa présence permanente a pour unique cause la nécessité d'exercer une surveillance permanente.

Il fait office d'adjudant; il est « le chien du quartier », et on sait assez que ni le pion ni l'adjudant ne passent pour être d'aimables personnes et qu'ils inspirent généralement plus de crainte que d'affection ou de respect.

Le fait étant aussi général, on ne saurait leur en vouloir; c'est la situation qui veut cela, et ils ne peuvent être rendus responsables d'une situation qu'ils n'ont pas créée et dont ils sont les premiers à souffrir.

En effet, pour tenir dans l'obéissance un si grand nombre d'enfants déjà abandonnés et livrés à eux-mêmes par suite de l'éloignement du professeur, il faut faire appel à la crainte, à la peur des punitions. C'est le pion qui est chargé de ce rôle nécessaire, mais peu aimable.

Est-il utile, après cela, de démontrer que ce jeune homme, dont on parle périodiquement de relever la situation (comme si cela était possible dans le système actuel !) ne peut exercer sur les enfants aucune influence sérieuse. Il n'a pas assez de prise sur eux, puisqu'il n'enseigne pas ; à vrai dire, il n'a guère de prise que pour les punir.

Ainsi livré à l'abandon par ses deux éducateurs, l'élève retombe piteusement sur lui-même et n'a guère d'autre ressource que de se retourner vers ses camarades.

Il fait alors sa véritable éducation par eux et avec eux. Cette éducation consiste essentiellement à inventer les mille ruses au moyen desquelles on peut tromper une surveillance si étroite et se donner de l'air dans un régime si comprimant.

Naturellement, le prestige, parmi les élèves, va à ceux qui sont les plus crânes dans cette résistance plus ou moins sourde contre l'Autorité, à ceux qui, plus habilement que les autres, savent se dérober à la surveillance et imaginer de bons tours.

Et comme la partie n'est pas égale entre l'Autorité et les élèves, ceux-ci sont acculés fatalement, pour rétablir l'équilibre des situations, à recourir à la dissimulation et au mensonge.

Et voilà précisément à quoi aboutit, de toute nécessité, le régime scolaire actuel; c'est peut-être en cela que, jusqu'ici, il a le mieux réussi.

Et c'est bien là une des causes pour lesquelles l'École actuelle ne forme pas des hommes, car un homme ne doit jamais mentir. Mentir n'est pas seulement un vice bas, c'est, de plus, la preuve que l'on est faible et que l'on a peur. Un système pédagogique qui inculque nécessairement l'habitude de la dissimulation et du mensonge est condamné sans appel possible.

Voici un petit fait, qui me paraît bien suggestif pour faire comprendre ma pensée.

Un élève d'un grand collège de Paris m'a communiqué un bulletin imprimé que j'ai sous les yeux et dont je respecte la disposition typographique :

DIVISION DE 4e

L'ÉLÈVE... (Naturellement je supprime le nom de l'élève.)

EST APPELÉ PAR M... (Ici le paraphe du professeur.)

Il quitte sa division à 2 heures 45.

Il doit rentrer dans sa division à 3 heures 2. (Les heures sont inscrites à la main par le professeur.)

Constatons d'abord que voilà bien des cérémonies et des précautions minutieuses, quand il prend, par hasard, à un professeur l'idée de faire appeler un élève en particulier.

Mais passons sur cela. Ce que je veux seulement retenir, c'est l'état d'esprit qui se développe nécessairement chez l'élève auquel le professeur vient de remettre ce papier à la fin de son entretien.

Le sentiment que l'élève éprouve, c'est qu'on le traite comme un enfant et surtout qu'on se défie de lui. Et on se défie de lui pour un acte bien simple, celui qui consiste à se rendre tout seul de la pièce où le professeur a causé avec lui jusqu'à la salle d'étude qui ne peut être bien éloignée. La direction de l'école estime que le bon ordre de l'établissement serait gravement compromis et que tout l'édifice disciplinaire qui en forme la base et le sommet s'écroulerait, si, pendant ce court laps de temps, l'élève n'était pas retenu par ce papier accusateur qu'il doit remettre au surveillant en rentrant en étude. Et remarquez, car ceci est encore caractéristique, qu'il doit y rentrer vivement. En effet, le professeur paraît avoir calculé avec une rigueur chronométrique le temps nécessaire : ce n'est pas 3 heures 3, ou 3 heures 4; c'est 3 heures 2, sachez-le bien.

Ainsi tenu en suspicion, l'élève ne peut avoir qu'une idée c'est de tromper cette étroite surveillance et d'exécuter à travers les corridors de l'école une vaste « ballade » qu'il pourra ensuite raconter à ses camarades, en l'enjolivant de détails prestigieux. Pour cela, il lui suffit soit de modifier sur le Bulletin l'indication de l'heure de rentrée, soit de déclarer qu'il a perdu le papier, ou bien encore que le professeur a oublié de lui en remettre un. C'est probablement ce qu'a fait l'enfant qui m'a confié ce bulletin, car ce dernier n'aurait pas dû rester en sa possession.

Si le surveillant d'étude est bon homme, s'il a une « bonne tête », le tour sera joué et il n'y aura plus qu'à le recommencer à la première occasion.

Un autre mensonge aussi classique que rendu obligatoire par le système, est celui que développe l'usage des billets de sortie. On sait que les élèves doivent rentrer porteurs d'un billet signé par leur correspondant. Or, beaucoup d'entre eux éludent cette règle en se faisant signer par une personne de complaisance ou en signant eux-mêmes leur billet. Certains cafés, situés dans le quartier des écoles, sont des centres de cette fabrication de faux en écriture.

A côté du mensonge organisé, il y a parfois la niaiserie pure et simple. Ainsi un de mes anciens condisciples, lorsqu'il était étudiant en droit, a servi, pendant plusieurs années, de correspondant à son frère *aîné* qui se préparait à l'École forestière dans une école bien connue de la rive gauche. Tous les dimanches soir, le frère aîné était « rentré » à l'École par son cadet, qui signait gravement au registre. Ce n'était là qu'une nouvelle forme de ce système de mensonges dans lequel toute cette organisation est empêtrée.

Si vous voulez bien considérer que ces petits

détails sont choisis au hasard parmi les mille procédés du même genre au moyen desquels on fait péniblement fonctionner ces énormes machines scolaires, vous conviendrez que ces maisons, dites d'éducation, arrivent à des résultats bien fâcheux. C'est seulement la force de l'habitude qui nous fait trouver cela naturel.

Voilà pourtant ce que certains parents appellent avec componction une école bien tenue, où les enfants sont bien surveillés et bien élevés. Je n'ai pas la prétention excessive d'ouvrir les yeux aux parents de cette catégorie; d'ailleurs ce n'est pas pour eux que j'écris ceci, et l'École nouvelle n'est pas faite pour leurs fils.

Le collège auquel je viens de faire allusion compte environ 1.500 élèves; quelques-uns en ont davantage, mais même avec 200 ou 300 élèves, ce qui est un type courant, ce système de discipline militaire et d'étroite surveillance est une nécessité inéluctable. Ce n'est qu'à ce prix qu'on peut maintenir tout au moins l'ordre apparent.

En Angleterre, les grands collèges eux-mêmes ne sont en réalité que des agglomérations de petites écoles distinctes. Les élèves sont répartis par groupes de vingt à quarante au plus chez les divers professeurs; ils y logent, y prennent leurs repas et y travaillent à leurs heures. Les bâtiments du collège ne comprennent que les salles de classe et les locaux pour les réunions générales et les services communs. Le célèbre collège de Harrow est un bon type de ce genre. L'Angleterre a su soustraire la jeunesse au régime déprimant et démoralisant de la grande caserne scolaire. En France, nous sommes arrivés à ce point extraordinaire d'aberration que nous estimons un collège en proportion du nombre des élèves qu'on a réussi à y agglomérer. Cela n'est pas digne d'hommes intelligents, mais de moutons qui aiment à marcher par grandes troupes.

Un autre vice de notre système, c'est d'agglomérer les enfants dans des villes. L'idée d'établir l'internat à la ville est aussi funeste au point de vue physique qu'au point de vue moral. Je crois inutile d'insister sur ce point qui n'est guère contestable. Cette idée n'a pu naître que par suite de l'attrait irrésistible et sot qu'exerce sur les Français la vie urbaine. Des professeurs, et surtout leurs femmes, se résoudraient difficilement à aller habiter la campagne, ce lieu d'exil. Et alors, le corps enseignant s'est plus préoccupé de son agrément que de l'intérêt des élèves. Est-ce que l'école est faite pour l'enfant?

Comme elle n'est pas faite davantage pour l'éducation, ainsi que nous venons de l'indiquer, on se demande vraiment pour quoi elle est faite.

Elle est faite essentiellement pour préparer à l'examen.

De ce coup, c'est l'instruction qui est atteinte et ainsi l'échec va être complet sur toute la ligne.

Un élève qui prépare un examen est obligé, sous peine d'échouer, de se surcharger la mémoire de notions très générales, de manière à avoir une connaissance superficielle et momentanée des matières de l'examen.

Dès lors, le livre par excellence pour cette préparation, c'est le manuel aussi allégé que possible.

La seule faculté mise en mouvement, c'est la mémoire, sans la réflexion.

Et le système d'instruction, c'est le chauffage.

Et le résultat le plus net, pour le reste de

la vie, c'est l'aptitude à ne parcourir que des surfaces sans en creuser une seule.

Comme le dit si exactement M. Jules Lemaître : « Un bachelier ès lettres moyen, c'est-à-dire un bon jeune homme, qui ne sait ni le latin, ni le grec, mais qui, en revanche, ne sait pas mieux les langues vivantes, ni la géographie ou les sciences naturelles, est un monstre, un prodige de néant. »

CHAPITRE III

LE TYPE NOUVEAU DU PROFESSEUR ET DE L'ÉCOLE.

Dans un volume précédent, j'ai esquissé les procédés de l'éducation anglaise (1). Je l'avais écrit après quatre séjours en Angleterre, dans quatre années consécutives.

Depuis cette époque, et surtout depuis que j'ai compris la nécessité d'introduire cette éducation en France, je me suis attaché avec un soin extrême à pousser plus loin encore mon observation; j'ai voulu en quelque sorte démonter ce mécanisme scolaire, pour l'examiner pièce à pièce, afin d'en apercevoir les rouages les plus cachés et d'en saisir plus exactement les résultats.

J'ai pu d'autant mieux poursuivre cette

(1) *A quoi tient la supériorité des Anglo-Saxons*, liv. I, ch. III.

observation, que j'avais pris le parti d'envoyer mon fils en Angleterre.

Il y a deux ans, l'enfant, âgé alors de onze ans, partait pour l'école de Bedales, dans le Sussex.

Tous les trois mois, à la Noël, à Pâques à la fin de l'année scolaire, il vient passer avec nous la période des vacances, qui, selon l'usage anglais, varie de trois semaines à un mois et demi.

C'est pendant ces périodes trimestrielles, assez longues pour permettre une observation suffisante, que j'ai pu suivre et constater l'influence exercée sur l'enfant par ce régime scolaire.

Pour compléter mes observations, je fis de nouveau plusieurs séjours à cette École, afin d'apercevoir encore plus exactement les ressorts qui actionnent ce genre d'institutions.

Je vais essayer d'indiquer brièvement le résultat de cette nouvelle et plus décisive enquête.

D'abord, nous ne retrouvons plus les deux types distincts du Professeur et du Surveillant. Ils sont réunis et comme fondus en un seul, le Professeur.

Mais ce professeur lui-même est très différent des nôtres, et on ne peut comprendre tout le système que si on apprécie bien son rôle.

Contrairement à ce que nous avons constaté en France, il vit complètement à l'École; il y est logé et y prend ses repas avec les élèves dans la salle à manger commune, où chaque table de dix élèves est présidée, — si je puis employer ici ce terme trop prétentieux, — par un des professeurs, homme ou femme.

En effet, si le professeur est marié, sa femme remplit, dans l'École, soit une fonction d'enseignement, par exemple la musique, le dessin, etc., soit une fonction d'administration domestique.

Mais ce professeur n'est pas seulement logé et nourri dans l'École, il vit, du matin au soir, avec les élèves, non pour les surveiller, mais pour les élever. Il prend part à tous leurs exercices, et j'entends par là non seulement les classes, mais aussi les récréations, les jeux, les bains, etc. Il doit être aussi capable d'enseigner le foot-ball, le cricket, ou la natation (car il se baigne avec eux) que de donner des leçons de lettres ou de sciences.

Il porte d'ailleurs le costume, commode et

pratique, des élèves : la chemise de flanelle, la culotte, la veste, et, pour les jeux, le maillot de tricot, qui laisse aux membres leur liberté et leur souplesse.

Ces rapports prolongés entre les professeurs et les élèves ont pour premier effet d'établir entre eux des relations qui ressemblent beaucoup à celles d'un père vis-à-vis de ses enfants, d'un père qui prendrait part également à leurs études, à leurs jeux, à leur vie de tous les jours.

Ainsi se trouve supprimé cet état d'isolement de l'enfant qui n'a plus d'autre ressource que la société, généralement mauvaise éducatrice, de ses camarades abandonnés comme lui par leurs professeurs.

Mais ici les rapports entre les élèves et les professeurs sont encore rendus plus fréquents et plus personnels par la manière dont se donne l'enseignement scolaire.

En France, pendant la classe, nous l'avons dit, l'élève n'a pas de rapports personnels avec le professeur, qui se borne à enseigner du haut de la chaire; pendant l'étude, l'élève est plus complètement encore livré à lui-même, soit pour apprendre ses leçons, soit pour faire ses devoirs.

Ici, le système suivi est très différent : *il n'y a pas d'études proprement dites, presque tout le travail est fait pendant la classe, et le professeur s'y associe.*

Il interroge d'abord les enfants sur la leçon précédente, puis leur fait un commentaire littéraire, ou scientifique, sur la leçon du jour. Vient ensuite une interrogation sur cette dernière, pour s'assurer que les enfants ont bien compris; ensuite les élèves rédigent un résumé de cette leçon. Ce devoir est fait pendant la classe même, sous l'œil du professeur, qui parcourt les rangs des élèves, répondant aux questions qu'on lui adresse, aidant l'élève à trouver la solution des difficultés qu'il rencontre, rectifiant sur l'heure les mauvaises méthodes de travail, encourageant les travailleurs et gourmandant les paresseux. Ce système n'est praticable qu'à cause du nombre restreint des élèves dans chaque classe : de dix à quinze en moyenne.

Le professeur reste ainsi, même pendant la classe, en communication directe et personnelle, d'homme à homme, de tête à tête, avec l'élève. Et c'est bien là la seule méthode pédagogique efficace, celle qui consiste, comme dit Montaigne, à limer sa cervelle contre la cervelle du professeur. C'est par le travail du laboratoire fait en collaboration avec le maître et sous sa direction, et non par la simple audition d'un cours dans un amphithéâtre, que peuvent se former des disciples. C'est pour cela que J.-B. Dumas ou Pasteur en ont eu et que les professeurs de la Sorbonne n'en ont pas. J'ai vu moi-même autrefois pratiquer cette méthode avec succès à l'École des Hautes-Études, à la Sorbonne, sous la direction de M. Gabriel Monod. Mais je n'en connais qu'un ou deux exemples dans notre enseignement secondaire.

Cependant les conséquences de cette méthode de travail sont décisives, surtout si on les compare à ce qui se passe dans nos lycées et collèges.

Avec notre système, pendant la classe, trop longue, une partie des élèves n'écoute pas la leçon, parce qu'ils n'y sont pas excités par la nécessité de faire un devoir immédiatement après et en présence du professeur lui-même. Ils comptent sur l'explication qu'ils pourront trouver dans un de leurs livres, ou sur la copie d'un voisin complaisant, ou sur le hasard, ou sur rien du tout, ce qui est ordinairement le cas du plus grand nombre.

Pendant l'étude, également trop longue, l'élève, livré à lui-même, musarde et met à faire son devoir, deux ou trois fois le temps nécessaire. A la première difficulté, il est arrêté, et comme personne n'est là pour l'aider à la surmonter ou pour l'exciter à la résoudre, il bâcle le commencement de son devoir et n'a plus dès lors aucun goût à bien faire le reste, quand il ne passe pas son temps à lire des romans en cachette, à élever des souris dans son pupitre, ou à y faire du chocolat.

Au total, les élèves traînent, soit en classe, soit en étude, et la plupart ne donnent qu'un mauvais travail. Une fois que l'habitude de traîner sur l'ouvrage et de le faire mal est prise, elle les enveloppe, les pénètre et devient une tradition respectée.

Le système de la classe-étude produit des résultats inverses. L'enfant est constamment tenu en haleine, soutenu, encouragé, excité, et il arrive à faire, dans le moins de temps possible, le maximum de travail utile. C'est, comme pour les sports, un régime d'entraînement (1).

(1) « Le jeune Anglais ignore ce que nous appelons « l'étude », c'est à dire la classe silencieuse, où, sous la surveillance d'un maître muet, on apprend par cœur les vers et les proses. Il doit

Les conséquences de ces deux méthodes si différentes se font sentir bien au delà de l'École; elles mettent leur empreinte sur toute la vie.

Une fois prise, l'habitude de traîner sur l'ouvrage, ou l'habitude de l'enlever prestement, se retrouve dans la pratique des diverses professions.

Pour les fonctionnaires et les bureaucrates, la lenteur à faire les choses n'a pas d'inconvénient, puisqu'ils ne compromettent aucun capital et que le budget seul en souffre. Mais il en est autrement pour l'agriculteur, pour l'industriel ou pour le commerçant. S'ils ne veulent pas être évincés par des rivaux plus actifs, ils doivent savoir prendre des décisions rapidement. Il ne faut pas, à la façon de l'Espagnol, remettre toujours au lendemain, *mañana*, ce qu'on peut faire le jour même. Si nos industriels et nos commerçants arrivent trop souvent après les autres, sur le marché étranger, on peut en accuser en

arriver au professeur, avec des leçons sues, des devoirs faits. Mais il est libre d'accomplir ce travail quand et où il veut. S'il lui plait d'étudier son Homère couché dans le foin et sa géométrie sur un arbre, nul ne s'y oppose; son temps est à lui comme son argent. Il l'administre à son gré. On le rend responsable de l'emploi de ce trésor. On le juge seulement sur le résultat. » *Nos fils que feront-ils?* par Hugues Le Roux. Paris, Calmann-Lévy.

grande partie nos méthodes de larges flâneries scolaires.

Bravo! vont s'écrier quelques railleurs, cette flânerie a du moins pour effet de supprimer le fameux surmenage que vous reprochez à nos écoles.

Hélas! elle n'a pas même cet avantage, car cette flânerie assise, énervante, entre quatre murs, dans un air souvent surchauffé et surchargé de miasmes, dans l'ennui d'un travail d'autant plus fastidieux qu'on le fait plus mal, n'est pas favorable au développement physique. On est surmené bêtement au lieu d'être surmené intellectuellement, voilà tout. Il n'y a donc pas de quoi se récrier.

C'est l'autre système, au contraire, qui supprime le surmenage. En habituant l'enfant à donner en une heure la somme de travail effectif et assimilé que nous donnons en deux, il rend la moitié du temps disponible, soit pour certains travaux extérieurs, soit pour des exercices physiques. On en jugera mieux plus loin, dans le chapitre où nous exposons le programme de l'École nouvelle.

Je dois signaler un autre caractère qui accentue la différence entre ce professeur et le nôtre.

Chez nous, le professeur est généralement un *spécialiste*. Il s'est étroitement cantonné, dès le collège, et plus encore dès la licence ou l'agrégation, soit dans les lettres, soit dans les sciences. De plus, dans l'un ou l'autre de ces groupes, il a choisi un des nombreux compartiments qui les subdivisent. Et comme la plupart de ces compartiments sont étanches, et qu'on a négligé d'ouvrir entre eux des communications faciles, ce spécialiste n'a pas d'ouvertures sur les compartiments voisins, dont il traite volontiers les titulaires avec dédain, comme le Romain traitait le Barbare.

De là, l'obligation de multiplier dans nos collèges le nombre des professeurs, à raison de un par compartiment intellectuel.

La nécessité de rétribuer et d'occuper un grand nombre de maîtres est une des causes qui a encore contribué à la création du grand collège, réunissant dans ses murs une véritable armée d'élèves. Ainsi, par une série de fatalités accumulées, on a été amené à constituer toute notre organisation scolaire, sans tenir compte de l'enfant et parfois contre ses intérêts manifestes.

Or un professeur étroitement spécialisé n'est

généralement pas un excellent professeur. Il a deux infériorités graves :

1° Il éprouve plus de peine à mettre sa science à la portée des enfants et souvent il dédaigne de le faire. Plus familier avec les procédés de l'enseignement supérieur et très spécial auquel il vient d'être soumis lui-même, il se met et se résout plus difficilement aux procédés plus simples de l'enseignement primaire ou secondaire. On sait assez, par expérience, que les hommes les plus savants ne sont pas les meilleurs professeurs.

En ce qui me concerne, et pour la spécialité à laquelle je me consacre depuis vingt ans, je constate que j'éprouve beaucoup plus de peine à expliquer, par exemple, les éléments de la géographie ou de l'histoire sociales, à mes jeunes enfants, qu'à l'enseigner plus complètement à mon auditoire ordinaire composé d'étudiants de nos grandes écoles. Et j'ai vu des jeunes gens qui suivent mes Cours se mettre, beaucoup mieux que moi, à la portée de ces mêmes enfants, parce qu'ils ne les jettent pas dans les complications que je suis au contraire plus porté à aborder.

Je cite cet exemple personnel, d'abord parce que je l'ai mieux vérifié, ensuite parce que je désire qu'on ne m'accuse pas d'être un ennemi de la spécialisation. (Vous verrez qu'on m'en accusera quand même.) Toute la question est de la mettre à sa place; et, dans l'enseignement secondaire, elle n'y est pas.

2° Le professeur spécialiste a très peu de prise et par conséquent d'influence sur l'enfant. Il n'agit que sur un point trop limité de son intelligence, puisque son enseignement ne porte que sur un seul ordre très étroit de connaissances. Et par là se creuse encore plus ce large fossé que notre régime scolaire établit entre le professeur et l'élève.

Cependant, on pourrait croire que cette spécialisation a du moins pour conséquence de donner à ce professeur une connaissance approfondie des matières dans lesquelles il s'est cantonné, et de faire de lui un véritable savant.

Le cas se produit très rarement. En effet, le licencié ou l'agrégé ne se sont pas spécialisés en vue de pousser à fond et de faire progresser un ordre déterminé de connaissances, mais seulement en vue de se présenter *à brève échéance*, à un examen ou à un concours, pour obtenir un diplôme. Ils n'ont donc acquis qu'une spécialisation hâtive, élémentaire et incomplète, obtenue, comme le baccalauréat, surtout à l'aide de manuels. Ce sont de faux spécialistes.

Au point de vue de l'enseignement secondaire, ils ont donc les défauts des spécialistes, sans avoir leurs avantages; ils sont, par là, inférieurs, comme pédagogues et éducateurs, à beaucoup de nos modestes professeurs de l'enseignement primaire. Ceux-ci ont souvent des clartés sur plus de choses et moins de prétentions, ce qui ne gâte rien.

M. Jules Lemaître constate qu'un bachelier est un « prodige de néant ». Comme c'est sur ce néant qu'on a édifié la licence et l'agrégation, qui ne sont qu'un prolongement du baccalauréat, cet édifice intellectuel manque et manquera toujours par la base.

Le milieu scolaire anglais, par la formation très différente qu'il donne, produit un type de professeurs mieux adapté à cette combinaison de l'enseignement et de l'éducation.

D'une part, il laisse un temps beaucoup plus long pour les jeux et les sports; il en inspire non seulement le goût mais la passion. Les collèges anglais ne connaissent ni l'insupportable promenade au pas, deux à deux ou trois à trois, dans les rues, ni les stupides récréations entre

P. 56

ABBOTSHOLME. — ÉLÈVES ABATTANT UN ARBRE.

quatre murs pendant lesquelles on cause par groupes comme de petits vieux. Les professeurs restent donc plus longtemps jeunes de corps et d'esprit; ils sont, par conséquent, bien plus aptes à comprendre et à diriger la jeunesse dans tous les exercices du corps.

Enfin, le collège anglais, largement ouvert sur le dehors, laisse aux enfants beaucoup plus de liberté, il les met beaucoup plus en contact avec la nature. Aussi les Anglais sont-ils plus familiers que les nôtres avec les animaux et les plantes, avec le sol et avec les divers phénomènes naturels; la plupart font, soit des collections d'insectes, soit des collections de plantes, qu'ils cataloguent avec soin, soit des collections de pierres, etc. Ils acquièrent, dès le plus jeune âge, sur la vie du globe, sur la culture, sur les sciences naturelles, physiques et chimiques, des connaissances pratiques et théoriques. Ils ont, en fait, une instruction beaucoup plus variée que la nôtre (je le démontrerai plus loin). Par là, ils sont capables d'enseigner plus de choses.

En somme, dans ce type d'école, on cherche et on trouve, comme professeur, un homme plus complet, c'est-à-dire ayant des connaissances littéraires et scientifiques variées et, de plus, doué d'aptitudes physiques supérieures, l'habileté de la main, l'agilité, la souplesse, la force du corps. Il doit, pour être capable d'entraîner l'enfant à ces divers points de vue, être un bon spécimen de l'espèce humaine, dans ses différentes manifestations. Il doit non seulement instruire par la parole en enseignant, mais par l'exemple en agissant.

Ce professeur reproduit, bien plus exactement que le nôtre, le type d'un père de famille suffisamment instruit pour pouvoir initier ses enfants aux divers ordres de connaissances, et suffisamment alerte pour pouvoir s'associer à leurs jeux en s'y montrant supérieurs à eux.

Ce type est donc plus naturel, par conséquent plus vrai et plus efficace; le nôtre est plus artificiel, il est fabriqué exclusivement par l'école, mais il ignore trop la vie et y est mal adapté. Or, il ne sagit pas seulement d'enseigner à l'enfant ce qui est dans les livres, il faut encore lui enseigner ce qui est dans la vie, et ce qui est en réalité la vie.

Un pur cérébral, un pur intellectuel, un vrai ou faux spécialiste, un précoce vieillard, n'est pas un bon éducateur, parce qu'il est un être trop incomplet et trop factice pour former des hommes complets et réels. Il est un produit de laboratoire et non un produit de la vie. C'est un fruit de serre chaude élevé entre quatre murs et non un fruit de plein air, élevé au milieu de la nature vivante. Il a l'esprit ouvert à une seule chose à laquelle il rapporte tout et l'esprit fermé à toutes les autres.

Si je fais appel à toutes ces images et si j'insiste ainsi, c'est que, habitué par mon éducation à ne voir et à ne comprendre que notre type ancien du professeur, j'ai eu beaucoup de peine à dégager et à comprendre ce type nouveau; je voudrais donc épargner à mes lecteurs la même difficulté. Je n'avais pas encore réussi à pénétrer ce type, au moment où j'ai écrit mon volume sur les Anglo-Saxons. Plus tard, lorsque j'interrogeais mon fils à ce sujet — car je sentais bien qu'il y avait là une grande inconnue à dégager — je n'obtenais que des indications trop vagues. Je ne l'ai bien aperçu que tout dernièrement, lors de mon dernier voyage en Angleterre; j'y ai été aidé, en outre, par un document que je crois utile de reproduire.

Il s'agit d'une note, en partie imprimée et

en partie manuscrite, que m'adressa récemment le Directeur d'une école anglaise, en me priant de lui trouver un professeur français remplissant les conditions énumérées dans la note. La voici traduite exactement.

« DEMANDE D'UN PROFESSEUR POUR UN EMPLOI VACANT. »

« On demande : Un professeur pour résider complètement à l'école, âgé de vingt-cinq à trente ans et Français. Il sera logé, nourri, blanchi, etc.

« Le Candidat doit avoir les qualités (*qualifications*) suivantes :

« 1° *Au point de vue moral* : Il doit être un chrétien et un gentleman d'habitudes laborieuses et ponctuelles.

« Par chrétien, nous entendons qu'il pratique, dans ses actes, dans ses paroles et dans ses pensées, tout ce qui peut réaliser la grande morale qui nous a été enseignée par Jésus-Christ et par les grands penseurs de l'humanité.

« Par gentleman, nous entendons que, suivant la parole de Thackeray, il ait un but élevé dans la vie, qu'il sache se diriger dignement,

ABBOTSHOLME. — ÉLÈVES CONSTRUISANT UNE TRIBUNE SUR L'EMPLACEMENT DES JEUX.

qu'il garde son honneur sans souillure, qu'il mérite l'estime des autres hommes et l'affection de ses intimes, qu'il soit modeste dans le bonheur, qu'il supporte l'adversité avec force d'âme et qu'il se maintienne toujours dans la vérité.

« 2° *Au point de vue intellectuel* : Il doit avoir une connaissance parfaite des sujets qu'il entreprend d'enseigner.

« 3° *Au point de vue physique* : Il doit être bien constitué, de bonne santé, énergique, exempt de toute faiblesse des yeux, des oreilles, de la voix, etc.

« 4° *Au point de vue de l'instruction* : Il doit avoir eu l'expérience de la vie en commun dans une École ou dans une Université.

« Les candidats qui n'auraient pas l'intention d'entreprendre l'enseignement comme l'œuvre de leur vie et qui ne seraient pas disposés à prendre des habitudes de méthode et à se dévouer entièrement à l'éducation et à l'École ne doivent pas se présenter.

« *Sujets qui doivent être enseignés.* »

« *Les sujets suivants sont indispensables* :

« 1° Le français; le langage parlé et écrit, avec un bon accent, la connaissance de la phonétique et de l'élocution; la géographie, l'histoire et la littérature françaises; la connaissance pratique de la France elle-même.

« 2° Les mathématiques; l'arithmétique complète, l'algèbre élémentaire; la géométrie pratique et théorique; la trigonométrie élémentaire; les sciences physiques, théoriques et pratiques; l'arpentage pratique, le dessin élémentaire suffisant pour tous les sujets énumérés ci-dessus :

Les sujets suivants sont désirables :

« 1° Le latin élémentaire.

« 2° La géographie et l'histoire anglaises.

Les sujets suivants sont utiles :

« 1° Le chant.

« 2° L'aptitude à bien jouer au cricket.

« 3° La sténographie. »

Je dois ajouter que le traitement offert est supérieur à ce que gagne en France un professeur ordinaire de l'Université.

On voit, par ce document, quelle variété d'aptitudes morales, physiques et intellectuelles sont demandées. Mais elles ne dépassent pas ce qu'un homme intelligent et instruit doit être capable d'enseigner *à des enfants*. Sinon, son instruction est par trop incomplète pour un professeur !

Évidemment, pour réaliser ce type, pour partager aussi complètement la vie des élèves, pour se mêler à leurs jeux, il faut que votre éducation antérieure vous y ait préparé.

Un professeur anglais me disait récemment : Il me semble que je ne vieillis pas, et que je suis toujours un élève, car je continue à mener la même vie que les élèves. »

Je crains bien que beaucoup de nos professeurs français ne comprennent pas cette belle parole et n'apprécient guère ce sentiment de satisfaction. Cela tient probablement à ce que, trop souvent, ils aiment, non leur profession, mais la situation que cette profession leur assure.

On n'est pas professeur par le seul fait qu'on a passé un examen ; il faut en outre qu'on aime l'enfant et qu'on ait la passion de le bien élever.

Ils n'ont pas cette passion les professeurs si nombreux dont la vie se passe en démarches et sollicitations, pour émigrer le plus rapidement possible d'un lycée à un autre, afin de se rapprocher de Paris à chaque changement.

Mais les vrais professeurs me comprendront ; ils verront dans ce type d'École un magnifique relèvement de leur ministère. Cette École ne relève pas seulement l'enfant, mais aussi le professeur, parce qu'elle fait de lui, au lieu d'un simple pédagogue ou d'un triste surveillant, un véritable éducateur.

Je trouve, dans l'*Union pour l'action morale* de M. Paul Desjardins, le témoignage d'un homme dont on ne contestera pas la compétence et qu'on ne pourra pas accuser de parti pris; c'est un Français, agrégé de notre Université, et professeur depuis dix ans à *Harrow-School*. «.... Nous fabriquons des lettrés, dit M. Duhamel, les Anglais créent des hommes. Dans la vigoureuse poignée de main d'un jeune Anglais, on pressent déjà le futur conquérant. C'est un adolescent aux muscles solides, sain de corps et d'esprit. On peut hardiment le jeter sur le chemin de la vie, celui-là, il y marchera résolument sans défaillances, comme sans fanfaronnades, mais avec calme, simplement! C'est que, dans le collège anglais, l'enfant s'est formé, au lieu que chez nous il s'est déformé. »

M. Duhamel veut bien confirmer ensuite en termes très aimables le jugement que j'ai porté sur l'École anglaise, puis il cite le fait suivant :

«... Quand le Révérend J.-E.-C. Weldon fut nommé directeur du collège de Harrow, près

Londres, le plus important des collèges anglais après celui d'Eton, il avait vingt-sept ans (vous lisez bien vingt-sept ans). Or, il y a quelques années, comme je lui demandais de m'adjoindre un collègue français pour l'enseignement du français au collège, il accéda à ma demande et me pria de lui recommander quelqu'un. Je lui amenai un de nos universitaires, agrégé d'anglais, parlant de plus très couramment l'allemand ayant déjà en Angleterre une expérience de deux années, tout bondé de diplômes et de recommandations aussi éloquentes que méritées. Et mon futur collègue se mit en devoir d'étaler sa liasse de certificats; mais le directeur, d'une voix courtoise et ferme, ne lui en laissa pas le temps et lui dit : « *I don't want testimonials, I want a man;* je n'ai pas besoin de certificats, j'ai besoin d'un homme ! » Toute la supériorité du caractère anglo-saxon est dans ce mot; méditons-le. »

J'ai dit que le genre d'école que je décris donne l'impression de la vie réelle et complète; ce qui accuse encore ce caractère, c'est la présence d'une ou de plusieurs femmes de professeurs.

L'idée d'élever l'enfant en dehors de la présence et des soins de la femme est vraiment extraordinaire, pour ne rien dire de plus.

La présence de la femme habitue les garçons à avoir plus de tenue; elle introduit dans l'École des habitudes sociables et sociales, qui l'empêche de dégénérer en caserne; enfin, elle évite au jeune homme de faire brusquement et sans préparation, à la sortie de l'École, la découverte de la femme.

Je dois signaler, dans le même sens, l'influence essentiellement morale et tempérante des exercices physiques et d'une vie plus au grand air.

Cette question est une de celles qui préoccupe et doit le plus préoccuper les éducateurs de la jeunesse.

Dans notre système scolaire, on essaye d'atténuer la difficulté par des conseils moraux et religieux, dont l'efficacité est malheureusement affaiblie par la vie trop sédentaire à laquelle sont soumis les enfants. Et puis, en supposant toujours le mal, on finit par en donner l'idée.

Le meilleur auxiliaire des conseils moraux est une vie active qui crée un dérivatif énergique, par une bienfaisante fatigue physique, pendant le jour; par un sommeil plus profond pen-

P. 66

ABBOTSHOLME. — LES ÉLÈVES AU POTAGER.

dant la nuit. Les travaux manuels, les jeux qui mettent tous les membres en mouvement, le tub tous les jours, été et hiver, les bains froids tous les jours pendant l'été et chauds fréquemment pendant l'hiver, ont des effets moralisateurs beaucoup plus décisifs que les meilleurs conseils qui entrent par une oreille et sortent par l'autre.

Ce n'est pas bien malin de prêcher aux gens ce qu'il faut faire, c'est à la portée de tout le monde; ce qui est malin, c'est de placer les gens dans les conditions qui facilitent la mise en pratique de ce qu'on leur prêche. Et voilà le fin du fin de la science de l'éducation.

Par là, la tâche des professeurs se trouve allégée. Mais elle l'est encore par une combinaison très intelligente dont j'ai pu apprécier les effets en causant, en Angleterre, soit avec des professeurs, soit avec des élèves.

Un jour, le Directeur de l'École de Bedales me dit : « Nos meilleurs auxiliaires sont les élèves les plus âgés; sans leur concours notre œuvre serait bien plus difficile, sinon impossible. »

Alors il m'expliqua que, presque chaque soir, il faisait appeler dans son cabinet et en *particulier* un de ces élèves. Il s'attachait à bien lui inculquer cette idée que « les grands » avaient plus d'influence que lui-même sur la bonne marche de l'École et qu'il comptait absolument sur eux pour assurer le fonctionnement des divers services.

En effet, à la tête de chaque service de l'École se trouve un des élèves les plus anciens : il y en a un dans chaque chambre comprenant de six à dix enfants ; il est chargé de maintenir l'ordre et de veiller à la bonne tenue de toutes choses. Dans chaque classe, il y a un bibliothécaire chargé de la bibliothèque spéciale à la classe ; il délivre des volumes contre un reçu, non seulement aux élèves, mais aux professeurs eux-mêmes.

Un élève a la charge des objets qui servent au foot-ball, ou au cricket, ou à la menuiserie, ou au jardinage, etc., et il est responsable de leur entretien. D'autres sont préposés à la garde des collections de plantes, ou d'animaux, ou de minéraux, etc.

Dans toute circonstance, un élève plus jeune doit obéissance à un élève plus âgé, à moins que celui-ci ait démérité soit par une injustice vis-à-vis de ses camarades, soit par mauvaise conduite.

Dans ce cas, il est en quelque sorte déclassé et soumis à l'autorité d'élèves plus jeunes. Je crois bien que c'est là la punition la plus dure et la plus déshonorante.

Ainsi, l'École est vraiment confiée aux élèves, elle est leur chose; ils ont la responsabilité de l'ordre, de la bonne tenue; la confiance et le respect qu'on leur témoigne développent en eux la confiance en eux-mêmes et le respect d'eux-mêmes.

Je ne crois pas qu'il existe de moyens plus intenses de fabriquer des hommes. C'est pour arriver à ce résultat que les professeurs agissent sur les élèves grâce au contact permanent que nous avons indiqué; c'est pour arriver à ce résultat que les élèves plus âgés agissent sur les plus jeunes, grâce à l'autorité qu'on leur accorde et à la confiance qu'on leur témoigne. Il se crée ainsi un état d'esprit spécial qui pousse chacun à s'élever rapidement.

Je dois noter également un des ressorts puissants de cette éducation : on s'efforce d'inculquer aux enfants l'idée qu'aucun travail, aucune besogne, si basse qu'elle paraisse, n'est indigne d'un homme, et qu'il est toujours possible de l'exécuter en restant un gentleman. Ce qui est respectable ou méprisable ce n'est pas la fonction, c'est l'homme.

Je ne citerai à ce sujet qu'un seul fait, mais, par sa nature même, il va vraiment tout au bout de la démonstration.

A Bedales, ce sont les élèves eux-mêmes qui font ce que, dans nos régiments, on appelle « la corvée de quartier. »

Mais ce n'est pas tout.

Afin de bien manifester la portée très haute de cet humble travail, le Directeur s'est spécialement réservé pour lui-même, l'attribution de l'exécuter avec les élèves et exactement comme les élèves.

Je ne sais pas si vous avez envie de rire de cela et de « blaguer » à la française; quant à moi, je sens, plus que je ne puis le dire, tout ce qu'il y a de profondément éducateur dans ce simple acte accompli si simplement.

Ce qui en augmente encore la portée, c'est que ce Directeur d'école est un ancien élève de l'aristocratique collège de Rugby, un ancien étudiant de l'Université de Cambridge, qu'il possède les grades universitaires qui correspondent à notre agrégation, qu'il est un latiniste distingué.

A l'École, il s'est réservé l'enseignement du latin et la besogne que je viens de dire.

Je ne vois pas bien nos normaliens disposés à pratiquer ce genre de cumul, même, et peut-être surtout, ceux qui sont fils de paysans.

Les moindres détails de cette éducation sont combinés en vue de donner aux enfants, même aux plus jeunes, le sentiment très net qu'ils sont des hommes.

Je n'oublierai jamais l'impression que j'ai éprouvée le premier soir de mon séjour à Bedales, lorsque j'ai vu tous les élèves défiler un à un devant le Directeur de l'École avant d'aller se coucher.

Chaque enfant venait se camper fièrement devant lui, le regardait les yeux dans les yeux, comme s'il allait boxer, puis il lui donnait une vigoureuse poignée de main : « Il faut habituer les enfants à toujours regarder un homme en face, » me dit M. Badley.

Aussi les enfants, même les plus jeunes, n'ont-ils jamais, vis-à-vis de leurs professeurs, l'attitude un peu courbée et humiliée, un peu fausse, qui est si fréquente chez nous. A vrai dire, c'est une nécessité de notre système d'éducation, car on ne peut maintenir dans l'ordre et dans un régime contre nature des centaines d'élèves qu'en déployant fermement l'étendard de l'Autorité et en comprimant toute velléité d'indépendance.

« Votre fils est soumis et obéissant », voilà le plus bel éloge qu'un professeur français puisse faire d'un élève.

Le bulletin scolaire que je reçus de Bedales, à la fin de la première année, se terminait ainsi : « Je pense que vous trouverez votre fils plus fort de corps, plus indépendant de caractère et plus maître de lui. » Quelle plus haute, plus belle et plus exacte conception de l'éducation et de l'homme!

En même temps, le Directeur m'écrivait : « Mon sentiment est qu'il est préférable, qu'à la rentrée, votre fils vienne seul depuis Paris jusqu'à l'École. Nous estimons, en Angleterre, que ces voyages sont une excellente occasion pour habituer les enfants à se conduire eux-mêmes. »

Lors de ce premier voyage où il était livré à sa seule responsabilité, l'enfant, pendant la traversée de la Manche, laissa échapper son billet emporté par un vent violent. Il dut piteusement aller conter son cas au capitaine, qui trouva d'abord là une bonne occasion de placer un petit sermon contre l'étourderie, puis qui lui fit délivrer paternellement un autre billet. Je ne crois pas que, de toute sa vie, il perde jamais plus son billet. Rien ne vaut une bonne leçon de choses.

C'est vers cette époque que je posais à mon fils la question suivante :

« Qu'est-ce qui t'a le plus étonné dans ta nouvelle École?

« Oh! On ne ment jamais.

— Pourquoi ne ment-on jamais?

Après un moment de réflexion : « Ce n'est pas nécessaire, on n'est pas espionné. Et puis, si un élève mentait, il serait obligé de quitter l'École, parce que les autres garçons ne voudraient plus lui parler. Quand un professeur demande quel est celui qui a fait une faute, le coupable dit : « C'est moi. »

— Les autres doivent le blaguer?

— Au contraire, ils trouvent que c'est très chic de ne jamais avoir peur. »

C'est ainsi que ces enfants, toujours traités en hommes, deviennent réellement et rapidement des hommes.

Voici à ce sujet un fait, en apparence bien minuscule, qui cependant a éclairé d'une vive lumière pour moi la question de l'éducation ; il peut impressionner également beaucoup de pères et de mères de famille.

Il y a quelques années, j'allais visiter une famille anglaise installée pour quelques mois dans les environs de Paris ; cette famille se composait de trois personnes : la mère, la fille, âgée d'une vingtaine d'années, et une tante. Moi-même, j'étais accompagné de ma femme et de mon fils, âgé alors de neuf ans.

Notre visite se prolongea pendant plus de deux heures, durant lesquelles nous restâmes consciencieusement enfermés dans le salon.

Je devais supposer que cette longue séance n'avait pas dû être très récréative pour mon jeune fils. Aussi je fus fort étonné quand, en sortant de cette maison, il me demanda d'y revenir souvent, car il s'était beaucoup amusé. Or, il était resté pendant deux longues heures assis sur une chaise, ce qui est manifestement contraire aux habitudes et aux goûts d'un enfant.

« Comment as-tu pu t'amuser tant que cela » ? lui dis-je. — Il hésita un instant, car, naturellement, il n'avait pas analysé ses impressions, et il me répondit textuellement : « C'est qu'on m'a parlé tout le temps! »

A mon tour, je réfléchis à ce qui s'était passé, et voici ce que je constatai :

Pendant toute la durée de notre visite, chacune de ces dames était allée successivement s'asseoir à côté de lui et causer avec lui, *exactement* comme elle le faisait avec nous : on ne l'avait pas laissé seul un instant, et cela s'était passé *aussi naturellement* que s'il avait été une grande personne. On lui avait *vraiment* parlé comme à une grande personne.

Quand on apporta le thé, on le traita de même. Si bien qu'il eut, depuis le premier instant jusqu'à la fin, l'impression très nette que, tout d'un coup, il était devenu *vraiment* un homme, puisqu'on le traitait en homme et, par le fait, il se comporta tout le temps comme un petit homme, se prenant au sérieux, puisqu'on le prenait au sérieux.

Et n'allez pas me répondre que cela est facile à mettre en pratique et que c'est ainsi que nous en agissons vis-à-vis de nos enfants. Cela est moins facile qu'il ne paraît et, en tous cas, tout à fait différent de notre manière de procéder.

Quand un enfant est dans un salon, ou bien on s'amuse de lui et avec lui, on le traite comme un enfant; ou bien on le laisse se morfondre sur sa chaise, en lui disant de temps en temps : « Tiens-toi tranquille! — Ne remue pas les jambes, les mains! — Tiens-toi droit! » Ou encore, on lui lance des coups d'œil significatifs qui font entendre à la fois tout cela et bien d'autres choses. Et quand cette petite séance est terminée, on lui dit : « Eh bien, cette fois encore, tu as été insupportable! »

Et les malheureux parents ne se doutent pas que ce qu'il y a d'insupportable, ce n'est pas l'enfant, mais ce système, faux, compressif, anti-éducateur, qui, loin de développer l'homme, le renfonce énergiquement à tout coup. L'enfant se défend contre ce procédé anti-naturel; c'est d'ailleurs ce qu'il a de mieux à faire.

Voilà, en présence, dans un petit fait, les deux systèmes contradictoires. Supposez-les maintenant, l'un et l'autre, appliqués du matin au soir, à chaque heure de la semaine, du mois, de l'année, et pendant toutes les années de la jeunesse, dans la famille et dans l'école : vous devez penser que l'on aboutira à deux types très différents, très opposés, d'éducation et, par conséquent, à deux produits très dissemblables.

Le premier système fait très rapidement des hommes (je viens de vous dire le résultat produit sur un enfant en deux heures) ; le second prolonge l'enfance et laisse sa trace pendant toute la vie.

La difficulté que nous rencontrons pour mettre en pratique cette éducation développante, c'est que nous n'y avons pas été formés et que, naturellement, nous avons une tendance à élever nos enfants comme nous avons été élevés nous-mêmes.

Nous avons d'autant plus cette tendance que notre méthode d'éducation est, en somme, plus facile à appliquer. Rien n'est simple comme d'agir sur l'enfant par *voie d'autorité*. Cela coupe court à tout. Pas besoin de donner des explications : on lui assène un bon coup d'autorité paternelle, ou d'autorité scolaire, l'enfant baisse la tête, ou a l'air de la baisser, et tout rentre dans l'ordre, ou a l'air d'y rentrer,... comme à Varsovie.

Moi-même, bien des fois par jour, je me surprends à user vis-à-vis de mes enfants de ce procédé que cependant je condamne hautement. Voilà qui prouve qu'il y a encore loin de la théorie à la pratique et que, s'il faut agir sur les enfants, il faut aussi, et préalablement, agir sur les éducateurs de la jeunesse et modifier notre mode d'éducation.

En fait, il n'y a rien, dans la race française, qui l'empêche de fabriquer des hommes d'initiative. D'ailleurs, ce n'est pas la race qui produit l'état social, mais l'état social qui produit la race. Les races se modifient continuellement; elles évoluent suivant les conditions sociales. Rien ne s'oppose donc essentiellement à une transformation. Notre seule préoccupation doit être de la hâter et de l'effectuer dans les conditions les meilleures. Pour cela, il faut nous assimiler ce qu'il y a de plus énergique, de plus actif dans l'éducation anglaise, car c'est ce qui est le plus efficace. Il le faut d'autant plus que nous avons plus d'obstacles à vaincre.

D'ailleurs nous ne demandons pas qu'on applique la réforme scolaire à l'ensemble de la jeunesse française, ou même à une grande partie. (En France, nous ne consentons à entrer dans un mouvement que si tout le monde y entre avec nous; nous avons horreur de l'action personnelle, isolée. Pour entreprendre quoi que ce soit, nous ne demandons pas si c'est vraiment bien, mais si c'est généralement admis.) Il s'agit seulement d'entraîner dans une voie meilleure quelques pères de famille plus perspicaces et plus disposés que les autres à y entrer.

Dans ce cas, direz-vous, l'évolution sera bien lente !

Elle sera infiniment plus rapide que par la méthode qui consiste à chanter tout le long du jour : « Marchons ! Marchons ! » et à rester en place. Qu'avons-nous besoin, pour marcher, que les autres marchent ? marchons nous-mêmes. Et quand les autres, — ces fameux « autres », — nous verront marcher, quand ils auront apprécié les résultats, qu'ils les auront bien touchés du doigt, ils s'ébranleront à leur tour de proche en proche, s'entraînant mutuellement et irrésistiblement, car rien n'est contagieux comme l'exemple. C'est ainsi que s'opèrent les évolutions sociales. Et elles sont bien plus rapides qu'il ne paraît au premier abord, puisque l'ébranlement se produit d'après une progression géométrique : un homme agit sur deux, qui agissent sur quatre, qui agissent sur huit, et ainsi de suite indéfiniment... tandis que les gens qui chantent : « Marchons ! Marchons! » n'agissent sur personne; ils n'agissent même pas sur eux-mêmes, car ils finissent par s'endormir profondément au refrain monotone de leur petite chanson.

Un des plus grands obstacles à la réforme de l'éducation, c'est la tendresse trop timorée de la mère française pour ses fils. Elle aime beaucoup ses enfants, — ses rares enfants, — mais elle les aime mal : elle les aime plus pour elle que pour eux.

La femme française a été élevée comme nous l'avons été nous-mêmes et elle partage nos préjugés. Mais comme elle a l'esprit beaucoup moins ouvert que l'homme aux choses nouvelles, elle évolue bien plus difficilement et bien moins rapidement : vous convaincrez dix hommes avant de convaincre une femme.

Cependant je ne crois pas qu'il faille se laisser arrêter par cette difficulté; si les pères de famille marchaient, les mères de famille suivraient, il le faudrait bien. Et ici je parle par expérience, car je vois autour de moi des femmes dont les idées sur l'éducation ont été complètement modifiées.

Et puis, nous pouvons bien nous dire que c'est nous qui avons fait la femme française telle qu'elle est : un peu joujou, un peu article de mode, un peu objet d'étagère, à laquelle on se croit obligé de raconter des fadeurs et qui y prend plaisir, alors qu'il faudrait pouvoir causer avec elle comme avec un homme, sérieusement. Par là, nous avons agrandi démesurément la distance entre l'homme et la femme et ils y ont perdu tous les deux.

Mais pour changer cela, il faut du temps et une réforme préalable de l'éducation. La réforme, en effet, doit viser aussi bien la jeune fille que le jeune homme; il ne s'agit pas seulement de faire des hommes énergiques, mais aussi des femmes énergiques, car, dans la vie, ils doivent s'entr'aider et se soutenir mutuellement.

Pour le moment, il est certain que la femme française est plutôt un obstacle : elle a toutes sortes de préjugés ridicules en faveur des situations militaires et administratives et contre la vie rurale, les professions industrielles et commerciales. Pour la colonisation, elle a une aversion presque insurmontable, tandis que l'Anglaise s'y lance aussi allègrement que l'Anglais.

Au point où nous sommes arrivés, le lecteur doit commencer à se rendre compte des différences fondamentales qui se manifestent entre le type ancien et le type nouveau du professeur et de l'École.

A ces deux types correspondent deux programmes d'études très différents qu'il nous faut maintenant mettre en parallèle, afin de les opposer l'un à l'autre et de les juger l'un et l'autre.

P. 82

ABBOTSHOLME. — LA DERNIÈRE CHARRETTE DE FOIN.

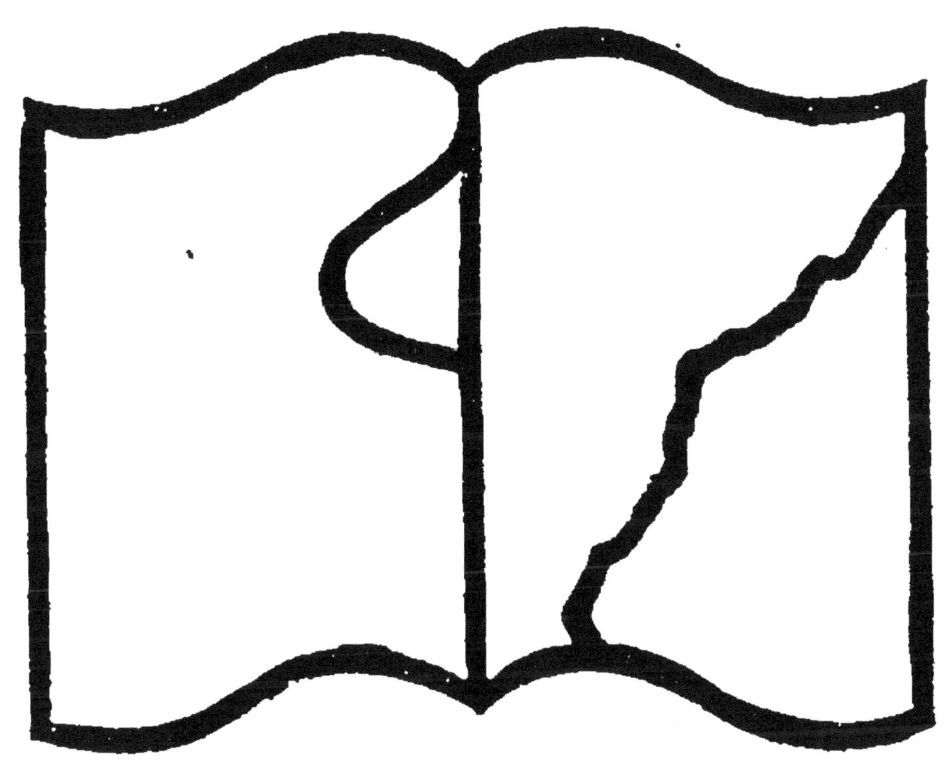

Texte détérioré — reliure défectueuse

NF Z 43-120-11

TABLEAU HEBDOMADAIRE DES MATIÈRES DE L'ENSEIGNEMENT

D'APRÈS LE PROGRAMME OFFICIEL (1)

CLASSES.	SIXIÈME.	CINQUIÈME.	QUATRIÈME.	TROISIÈME.	SECONDE.
Français	3 h.	3 h.	2 h.	2 h.	3 h.
Anglais et Allemand	1 h. 1/2	1 h. 1/2	1 h. 1/2	1 h. 1/2	1 h. 1/2
Latin et Grec	10 h.	10 h.	11 h.	10 h.	10 h.
Géographie	1 h.	1 h. 1/2	1 h.	1 h.	1 h.
Histoire	1 h. 1/2	1 h. 1/2	1 h. 1/2	1 h. 1/2	1 h. 1/2
Mathématiques	.	.	1 h. 1/2	3 h.	1 h. 1/2
Géologie, Botanique	.	1 h. 1/2	.	.	.
Zoologie, Calcul	1 h. 1/2	.	.	.	.
Physique (2)	.	.	.	.	.
Chimie (2)	.	.	.	.	.
Dessin	1 h. 1/2	1 h. 1/2	1 h. 1/2	1 h. 1/2	2 h. (facultatif.)

(1) Au moment de mettre sous presse, on me signale quelques modifications de détail qui viennent d'être faites récemment à ce programme : Le temps [illegible] aux langues vivantes est augmenté d'une 1/2 heure à 1 h. 1/2 par semaine suivant les classes : le temps consacré à la géographie et à l'histoire [illegible] vant les classes, modifié d'une 1/2 heure en plus ou en moins. Enfin, on consacre aux mathématiques 1 h. 1/2 de plus en seconde et une 1/2 heure [illegible] torique. Mais il n'est fait aucun changement en ce qui concerne le français, les langues anciennes et tout le groupe sacrifié des sciences naturelles, physique et ch[illegible]

(2) La Physique et la Chimie ne sont enseignées qu'en philosophie.

TABLEAU HEBDOMADAIRE DES MATIÈRES DE L'ENSEIGNEMENT D'APRÈS LE PROGRAMME DE L'ÉCOLE NOUVELLE

SECTION GÉNÉRALE COMPRENANT LES TROIS PREMIÈRES ANNÉES — SECTION SPÉCIALE COMPRENANT LES TROIS DERNIÈRES ANNÉES

I. — CLASSES.	SIXIÈME.	CINQUIÈME.	QUATRIÈME.	LETTRES (3me, 2me, 1re)	SCIENCES (3me, 2me, 1re)	AGRICULTURE ET COLONISATION (4) (3me, 2me, 1re)	INDUSTRIE ET COMMERCE (4) (3me, 2me, 1re)
Français	3 h.	3 h.	3 h. (1)	5 h.	2 h.	2 h.	2 h.
Anglais et Allemand	8 h.	8 h.	6 h.	2 h.	2 h.	2 h.	4 h.
Latin et Grec	.	.	.	10 h.	.	.	.
Géographie	2 h.	2 h.	2 h. (2)	2 h.	1 h.	3 h.	3 h.
Histoire	2 h.	2 h.	2 h. (2)	2 h.	1 h.	1 h.	1 h.
Calcul et Mathématiques	2 h.	2 h.	3 h.	2 h.	7 h.	2 h.	3 h.
Géologie	.	1 h.	1 h.	1 h. (Géologie, Botanique, Zoologie)	1 h.	1 h.	1 h. (Géologie, Botanique, Zoologie)
Botanique	1 h.	1 h.	1 h.		1 h.	1 h.	
Zoologie	1 h.	1 h.	1 h.		1 h.	1 h.	
Physique	1 h.	1 h.	1 h.	1 h. (Physique, Chimie)	2 h.	1 h.	2 h.
Chimie	1 h.	1 h.	1 h.		2 h.	2 h.	2 h.
Dessin	2 h.	2 h.	2 h.	2 h.	3 h.	2 h.	4 h.
Science Agricole et Coloniale	.	.	.	.	.	7 h.	2 h.
Comptabilité et Opérat. Commerciales	.	.	1 h.	.	.	2 h.	4 h.
II. — TRAVAUX PRATIQUES							
1° Jardinage et Culture	6 h.	6 h.	7 h.	Comme dans la section générale, mais seulement pendant le temps qui reste libre.	Comme dans la section générale, mais seulement pendant le temps qui reste libre.	Comme dans la section générale, mais en donnant un plus grand développement aux travaux pratiques et aux excursions intéressant l'Agriculture.	Comme dans la section générale, mais en donnant un plus grand développement aux travaux pratiques et aux excursions intéressant l'Industrie et le Commerce.
2° Travail du bois et du fer	5 h.	5 h.	6 h.				
3° Visites de fermes et d'usines, collections de minéraux, de plantes et d'animaux, arpentage, levé de plans, etc.	4 h.	4 h.	4 h.				

III. — OCCUPATIONS ARTISTIQUES et récréations de société (3).	De 7 h. 1/2 à 9 h. du soir, pour toutes les classes, sauf pour les élèves de sixième, qui vont se coucher à 8 h.
Lundi	Lectures : Vie des vrais grands hommes, etc.
Mardi	Récitations et représentations.
Mercredi	Sculpture sur bois, modelage, etc.
Jeudi	Danse.
Vendredi	Concerts : musique et chant.
Samedi	Conférences et projections.
Dimanche	Instruction morale et sociale.

(1) A partir de la quatrième, on commence à étudier, dans des traductions, les littératures latine et grecque, afin de donner, dès cette classe des idées générales sur ces deux littératures.

(2) A partir de la quatrième, l'histoire et la géographie d'Angleterre et d'Allemagne sont enseignées complètement en anglais et en allemand, ce qui augmente d'autant le temps consacré à ces deux langues.

(3) L'École reçoit un certain nombre de revues et de journaux spéciaux, littéraires, scientifiques, agricoles, etc., choisis avec soin et mis à la disposition des élèves dans les temps libres.

(4) Les élèves qui se destinent à l'Agriculture, à la Colonisation, à l'Industrie ou au Commerce recevront, à l'École même, la préparation complète nécessaire, soit pour entreprendre directement ces diverses professions, soit pour se présenter à la plupart des Écoles agricoles, coloniales, industrielles, ou commerciales. Ils pourront en outre prolonger d'un an ou deux leur séjour à l'École pour compléter leur instruction par des études théoriques et pratiques spéciales.

(5) La matinée du dimanche est consacrée à l'instruction religieuse et aux offices.

CHAPITRE IV

LE PROGRAMME DES ÉTUDES DANS L'ÉCOLE ACTUELLE.

Je prie le lecteur de vouloir bien déployer devant lui les deux *Tableaux hebdomadaires des matières de l'enseignement,* placés en tête de ce chapitre et de s'y reporter constamment pendant qu'il lira l'exposé que je vais faire.

Le premier de ces tableaux, celui qui est placé à gauche, donne le programme actuel d'après les documents officiels; le second donne le programme qui sera suivi dans l'École nouvelle.

Considérons d'abord le premier Tableau.

Dans la colonne la plus à gauche figure la liste des matières enseignées dans les différentes classes; les colonnes suivantes indiquent le nombre d'heures consacrées à ces diverses matières dans chacune des classes, depuis la sixième jusqu'à la rhétorique.

Pour que cette répartition soit plus immédiatement sensible à l'œil, j'indique le nombre d'heures employées à chaque matière par des traits d'une longueur exactement proportionnelle à la durée du temps.

C'est ainsi qu'à première vue il devient manifeste que, parmi toutes les matières enseignées actuellement depuis la sixième jusqu'à la rhétorique, il en est une qui, *à elle seule, occupe à peu près autant de temps que toutes les autres réunies.*

Ce sont les *langues mortes.* Sur une moyenne de vingt heures de classe par semaine, le latin et le grec occupent dix heures; si nous y ajoutons le temps employé pendant les études et qui est, pour chaque matière, proportionnel à celui des classes, les langues mortes absorbent vingt heures sur quarante.

L'enseignement actuel est donc déséquilibré.

Mais cette première constatation prend un caractère de gravité exceptionnelle, quand on sait que, malgré cela, nos enfants arrivent en rhétorique et en philosophie sans connaître réellement ni le latin, ni le grec; ils le traduisent et le comprennent péniblement en s'aidant d'un côté du dictionnaire et, de l'autre, de la grammaire.

Naturellement, ce débordement du latin et du grec a pour résultat de restreindre le temps disponible pour les autres matières de l'enseignement. C'est ce qu'indique nettement la diminution de la longueur des traits.

Mais observons les choses de près.

L'étude du *français* est réduite à 2 ou 3 heures par semaine, qui sont d'ailleurs presque entièrement absorbées à apprendre péniblement la grammaire et l'orthographe. Il ne reste pas assez de temps pour étudier la littérature elle-même, s'en assimiler les procédés et en comprendre les beautés.

Les *langues vivantes*, représentées par l'anglais et par l'allemand, sont réduites, pour la même raison, à la portion congrue de 1 heure et demie par semaine. Ce n'est pas le quart du temps qui serait nécessaire pour les apprendre, même en employant une bonne méthode. Mais pour comble de malheur — car dans notre système d'enseignement on dirait vraiment qu'une fatalité malheureuse pèse sur toutes choses — on en est encore, dans nos lycées et collèges, à apprendre les langues vivantes par les procédés que l'on emploie pour le latin; on ne les apprend pas en les parlant, mais en faisant péniblement des traductions. On sait d'ailleurs que la plupart de nos professeurs d'anglais et d'allemand sont des Français (ceci c'est par patriotisme). C'est peut-être aussi par patriotisme qu'ils évitent de parler et de faire parler ces langues à leurs élèves, à moins que ce soit pour plus de commodité. Est-ce que, dans nos collèges, l'anglais et l'allemand deviendraient également des langues mortes? Ce serait vraiment trop de choses mortes!

Un élève de troisième d'un de nos grands lycées de Paris vint chez un de mes amis pendant les vacances. Il avait eu le premier ou le second prix d'allemand. « Voilà une bonne occasion, lui dit-on, vous allez parler allemand avec les enfants. » Ceux-ci beaucoup plus jeunes que lui avaient appris l'allemand avec une gouvernante en le parlant. Ils se mirent immédiatement à entreprendre de causer avec lui. Mais le malheureux jeune homme ne put ni comprendre ni prononcer une seule phrase. Ainsi finit ce pénible entretien.

Mais voici qui est plus fort. J'ai reçu, il y a

quelques mois, la visite d'un jeune homme de dix-neuf ans qui venait de sortir d'une de nos écoles supérieures de commerce de Paris. Il y était entré comme boursier au concours et en était sorti un des premiers. Il venait me demander de l'aider à trouver une situation. Je lui dis tout naturellement et sans penser à mal : « Sans aucun doute, vous parlez plusieurs langues étrangères? » Vous savez en effet que l'instrument indispensable aujourd'hui à un commerçant, c'est la connaissance pratique des langues étrangères. A mon grand étonnement, ce jeune homme me répondit qu'il savait très peu d'allemand; qu'il connaissait un peu plus d'anglais, mais pas assez pour le lire couramment, et à plus forte raison pour le parler ou pour comprendre une conversation.

On sait d'ailleurs que le Parlement a voté une loi pour rendre très difficile aux étrangers l'enseignement des langues étrangères en France. Les Anglais, plus pratiques, savent au contraire attirer chez eux les professeurs français. On a vu plus haut qu'au collège de Harrow, il y a deux professeurs de français et que tous deux sont Français. Il existe à Londres une association des professeurs français, qui est en pleine prospérité et qui, dans une de ses dernières réunions, proclamait hautement la largeur de l'hospitalité britannique.

Résumons, les langues vivantes étrangères ne sont pas mieux enseignées que les langues anciennes et le français lui-même est relégué au second plan ; il est comme étouffé par le développement anormal du latin et du grec.

Maintenant veuillez de nouveau jeter les yeux sur le Tableau de l'Enseignement actuel et vous allez constater que, si ces trois matières placées en tête sont mal enseignées, les autres, celles qui suivent, ne le sont presque pas, ou même pas du tout.

Elles forment ce que, dans l'enseignement secondaire classique, on appelle des « accessoires » et que l'on traite, en conséquence, avec dédain.

La *Géographie* et l'*Histoire* occupent une heure ou une heure et demie par semaine, ce qui est insuffisant.

On connaît d'ailleurs le résultat, car on a assez répété que les Français ignorent la géographie. J'explique plus loin quel peut être le rôle nouveau de la géographie dans l'enseignement. Quant à l'histoire, nos manuels, compilations souvent indigestes de faits et de dates, ne laissent dans la mémoire que des souvenirs bien fugitifs et dans l'esprit que des notions vagues et sans lien entre elles.

Nous rencontrons ensuite tout le goupe des sciences : *Mathématiques, Géologie, Botanique, Zoologie, Physique*, et *Chimie*. Ici le Tableau ne nous montre qu'un vide complet ou presque complet. C'est que la plupart de ces sciences n'étaient pas encore constituées à l'époque lointaine où l'on a établi les programmes scolaires si pieusement conservés depuis lors.

Est-ce que nos ancêtres étudiaient la géologie, ou la botanique, ou la zoologie, ou la physique, ou la chimie et cependant ils ne s'en portaient pas plus mal. Nous pouvons donc bien faire comme eux, car il faut respecter les traditions vénérables.

Et puis, du moment que le latin et le grec absorbent la plus grande partie du temps, à quel moment voulez-vous que l'on place l'étude des sciences. Le plus simple est de les biffer purement et simplement et on les a biffées.

Du moins pas tout à fait. On a pensé que nos jeunes gens ne pouvaient cependant pas arriver jusqu'au baccalauréat sans avoir au moins entendu parler vaguement de la physique et de la chimie. Et comme cet encombrant latin n'est pas compressible, — on ne comprime pas le latin, — on n'a pu trouver une toute petite place pour ces sciences que pendant la dernière année, en philosophie. Je vous assure que je parle très sérieusement.

Oui, on interrompt l'enseignement de la philosophie pendant trois heures par semaine, pour donner quelques notions hâtives et écourtées de physique et de chimie à ces grands garçons qui jusque-là n'en avaient pas la moindre idée!

La physique et la chimie ont déjà bouleversé et bouleverseront de plus en plus le monde moderne, mais c'est là un détail que notre pédagogie ignore, qu'elle entend bien ignorer. Cela d'ailleurs n'est d'aucune utilité pour l'explication des auteurs latins et grecs. Et puis, n'est-il pas entendu que l'École n'est pas faite pour former des hommes en vue du présent, mais en vue du passé; qu'elle ne regarde pas en avant, mais en arrière.

Tout au bas du tableau figure une dernière matière d'enseignement, le *dessin*.

De mon temps, l'étude du dessin était facultative et très dédaignée, on la prenait sur les temps libres, parfois sur les récréations et la plupart des enfants s'en abstenaient avec empressement. Récemment, on lui a fait une petite, une trop petite place, 1 heure 1/2 par semaine; et encore, à partir de la seconde, cette étude est facultative.

Nous sommes donc en droit maintenant de formuler les deux conclusions suivantes :

1° Le latin et le grec constituent le fondement de l'enseignement classique actuel, au détriment de toutes les autres études.

2° Les élèves, après avoir étudié presque exclusivement le latin et le grec pendant sept années, ne le savent pas.

C'est le cas de replacer sous les yeux du lecteur cette déclaration de M. Jules Lemaître, qu'il faudrait enfoncer comme un clou dans la tête de tous les pères de famille :

« *Je dis qu'un bachelier ès lettres moyen, c'est-à-dire un bon jeune homme qui ne sait ni le latin ni le grec, mais qui, en revanche, ne sait pas mieux les langues vivantes, ni la géographie ou les sciences naturelles, est un monstre, un prodige de néant.* »

Les membres du corps enseignant qui défendent ce régime scolaire parce qu'ils le trouvent satisfaisant sont vraiment bien peu intelligents.

Ceux qui le défendent parce qu'ils trouvent plus commode pour eux de ne rien changer à leur vieille routine, sont vraiment bien coupables.

Aux uns et aux autres, il faut enfin opposer le syndicat des pères de familles révoltés contre un pareil régime scolaire, et décidés à entreprendre eux-mêmes l'affranchissement de l'enfant.

Mais avant d'exposer comment on peut poursuivre cette grande œuvre, nous avons à rechercher s'il est possible de résoudre la grosse question du latin.

Par la place démesurée qu'il occupe, le latin, non seulement paralyse l'enseignement actuel, mais, de plus, rend très difficile toute modification dans les programmes.

Cette difficulté n'existe ni en Angleterre ni aux États-Unis. Là, en dehors d'une catégorie très restreinte d'élèves, pour lesquels les langues anciennes sont, soit une utilité, comme pour les ministres du culte et les purs lettrés, soit un ornement, comme pour certains jeunes gens appartenant à des familles très riches, la plupart s'abstiennent d'étudier le latin et le grec; ils se dirigent, par un enseignement approprié, vers l'agriculture, l'industrie et le commerce.

Malheureusement, il en est tout autrement en France.

Les grands chefs de l'enseignement, dans notre pays, ont maintenu obstinément les langues anciennes au programme des examens qui ouvrent seuls la plupart des professions libérales et administratives.

Et comme les Français, en vertu d'un préjugé ridicule, ambitionnent par-dessus tout ces situations pour leurs fils, et qu'ils traitent avec un parfait dédain les professions essentielles et indépendantes, il en résulte que notre jeunesse est toujours condamnée à étudier presque exclusivement, pendant ses six ou sept plus belles années, deux langues qu'elle n'arrive même pas à apprendre et qui d'ailleurs ne lui servent à rien.

En attendant qu'il plaise aux chefs de l'Université de nous délivrer de ces programmes, nous avons le devoir de chercher tout au moins à les alléger par l'emploi d'une meilleure méthode d'enseignement des langues anciennes.

C'est cette méthode que je vais essayer d'indiquer.

CHAPITRE V

COMMENT RÉSOUDRE LA QUESTION DU LATIN.

Il y a déjà plusieurs années, je reçus la visite d'un de mes amis qui m'apportait, en me la recommandant, une brochure intitulée : *Le latin appris en trois ans; le grec en deux ans* (1). Quoique je sois depuis longtemps convaincu que la méthode actuellement suivie pour l'enseignement des langues anciennes et même des langues vivantes est absolument défectueuse et donne des résultats à peu près négatifs, — qui ne serait de cet avis? — je n'en restais pas moins fortement sceptique à la lecture de ce titre. Songez donc : trois ans au lieu de six ou sept ans, que l'on emploie actuellement, et encore pour faire arriver nos bacheliers à un résultat pitoyable, au résultat auquel nous sommes aussi pitoyablement arrivés avant eux!

(1) Librairie Lahure, Paris.

Je lus cependant la brochure et, dès les premières lignes, j'étais intéressé; arrivé au milieu, j'étais ébranlé; lorsque j'eus terminé la dernière page, j'étais conquis. Il n'y a pas à dire, l'auteur a raison; ce qu'il propose est purement et simplement du bon sens. Je savais que nos méthodes d'enseignement sont stupides; mais je ne savais pas comment on peut les remplacer, je le sais, je le vois clairement maintenant. Et ce n'est pas d'un professeur de l'Université ou de l'Enseignement libre que nous vient la lumière, — c'est tout simplement d'un père de famille lettré qui, découragé par les procédés usuels, a appliqué cette méthode à ses enfants et la réapplique actuellement à ses petits-enfants, avec le plus complet succès.

J'ai tenu à lui adresser mes félicitations, je lui ai écrit, car il habite en province, en lui exprimant le désir que j'avais de causer avec lui, à son premier voyage à Paris. M. Olivier Benoist, c'est le nom de l'auteur, a bien voulu se rendre à mon invitation et me donner de vive voix certaines explications et divers documents dont j'avais besoin et qui ne se trouvent pas dans sa brochure.

Et maintenant arrivons au fait.

I

On a déjà écrit bien des ouvrages pour discuter l'utilité plus ou moins grande du latin et du grec. Je n'entends pas soulever de nouveau cette grande question. On commence cependant à reconnaître que l'enseignement de ces deux langues, sans utilité pratique, ne convient qu'à un petit nombre de jeunes gens, à ceux qui se destinent au sacerdoce, ou qui désirent acquérir une plus haute culture intellectuelle. Le tort est de mettre la masse des jeunes gens qui suivent l'enseignement secondaire à une étude qui devrait être réservée à un petit nombre d'élèves.

Mais ce qui aggrave considérablement cette erreur, c'est que, dans l'état actuel des méthodes d'enseignement, le latin et le grec absorbent la plus grande partie du temps consacré aux études. Il y a, entre l'effort demandé et le résultat obtenu, une disproportion qui frappe tous les esprits.

M. Olivier Benoist fait ressortir en très bons termes cette anomalie : « A trois ans, un enfant comprend sa langue maternelle, à quatre ans il la parle. En une année, au plus en deux années, un enfant plus âgé, ou un adulte, qu'on envoie en Angleterre ou en Allemagne comprend et parle la langue du pays. Comment se fait-il qu'après six et même huit années d'études laborieuses, les élèves de nos collèges, qui se présentent au baccalauréat, ne puissent qu'avec difficulté, faire une version latine de vingt-cinq lignes, en deux heures, à l'aide d'un dictionnaire, et qu'un tiers environ seulement des candidats arrivent à faire un devoir passable, les deux autres tiers éant tajournés? »

Une méthode d'enseignement qui donne des résultats aussi négatifs est nécessairement mauvaise. On est généralement disposé à en convenir; mais ce que l'on aperçoit moins, ce sont les causes qui la rendent inefficace et les moyens de la modifier.

Pour cela, il faut observer l'enfant qui apprend sa langue maternelle, par la méthode naturelle : il entend un nombre considérable de mots et de phrases qui lui sont dites par des personnes ayant intérêt à les lui faire comprendre. Avant d'arriver sur ses lèvres, les mots et les tours de phrases se sont installés dans son esprit, se sont gravés dans sa mémoire, il comprend avant de pouvoir articuler un seul mot. « Quand, à deux ans environ, un enfant commence à prononcer quelques phrases, c'est-à-dire à faire des thèmes, quelle quantité innombrable de versions orales n'a-t-il pas déjà faites! Ces versions, c'est sa mère qui les lui a fait faire. Chaque fois qu'elle lui montre un objet et qu'elle lui en dit le nom, elle lui fait faire une version à l'aide d'une traduction. Voit-on le nouveau-né peiner beaucoup lorsque sa mère lui apprend à parler, lorsque sa mère lui apprend toutes choses? Ce sont des sourires perpétuels échangés entre eux. »

Ce ne sont pas des sourires qu'échangent entre eux le maître et l'élève. Il semble qu'on ait accumulé à plaisir les difficultés sous les pas du malheureux écolier, en mettant l'étude de la grammaire à l'entrée de l'enseignement des langues. Par elle-même, cette étude est aride pour un esprit réfléchi: elle est décidément rebutante pour des enfants, qui n'apprennent, quand ils l'apprennent, cet âmas de règles de syntaxe et d'exceptions, de conjugaisons et de déclinaisons, qu'à force de répétitions machinales et par un pur exercice de mémoire.

La méthode suivie pour les explications de textes vient encore nuire à l'intérêt. On ne fait jamais lire aux enfants des ouvrages entiers, mais seulement certains passages, et d'une façon extrêmement lente, quelques lignes seulement par jour, ce qui, on en conviendra, n'est pas un moyen de les intéresser beaucoup à ce que contient le texte. C'est comme si, dans un roman ou dans un récit quelconque, on prenait çà et là quelques passages, en vous interdisant de lire le reste. Quel chef-d'œuvre pourrait résister à une pareille méthode de lecture, et quelle idée pourrait-on avoir de ce chef-d'œuvre? On sait assez d'ailleurs que la jeunesse formée au commerce des anciens par cette méthode parcellaire ne les connaît pas, ne les goûte pas et n'emporte le plus souvent de cette étude de six à sept années que le désir violent de ne plus en entendre parler jamais. Voilà un résultat qui, du moins, est supérieurement atteint; mais ce n'est sans doute pas celui que l'on avait en vue.

En abandonnant une méthode qui donne aussi peu de résultats, on ne risque donc pas grand' chose, on ne saurait grandement compromettre l'étude des langues anciennes : on peut innover en toute sécurité de conscience, en étant bien sûr que l'on n'aura jamais à regretter ce qu'on laisse derrière soi, comme l'a démontré avec tant d'autorité M. Jules Lemaître (1).

II

Mais comment adapter à l'enseignement des langues anciennes la méthode suivie avec tant de succès par les parents pour la transmission de la langue maternelle?

Il faut remplacer la parole par des lectures. Il s'agit de lectures étendues, comprenant chaque fois une page, puis un certain nombre de pages. Or, cela n'est possible qu'en mettant entre les mains de l'élève le texte latin ou grec *avec sa traduction en regard*. La traduction donne instantanément le sens de chaque mot et de chaque phrase, sans obliger l'élève à faire, dans des dictionnaires, des recherches longues, quelquefois infructueuses, toujours fastidieuses.

Des traductions entre les mains des élèves, mais c'est le renversement de l'ordre établi!

(1) Voir la conférence de M. Jules Lemaître en Appendice.

Pas tant que cela. C'est seulement donner à l'élève le moyen que le maître est obligé d'employer pour lui-même. Pourquoi ce qui constitue pour celui-ci une facilité serait-il impitoyablement interdit à celui-là ? Pourquoi la voie facile et rapide pour l'un et la voie difficile, interminablement longue et sans aboutissement pour l'autre?

En somme, le seul moyen pratique et rapide d'apprendre une langue est de se mettre dans la mémoire le plus de mots et de phrases possible. Quand un élève aura lu et compris, ce qui est facile avec une traduction, douze ou quinze volumes de latin, il saura le latin.

Ainsi le travail de l'élève, consisterait à lire et à comprendre une ou plusieurs pages de latin. On lui retirerait ensuite la traduction et il serait interrogé sur le texte latin seul. Vous ne pouvez obliger un élève à comprendre une version donnée suivant les usages actuels, mais vous pouvez parfaitement exiger qu'il prépare à l'aide d'une traduction, un certain nombre de lignes, de pages, de façon à les traduire ensuite à livre ouvert. « Ceci, l'enfant, à moins d'être absolument dépourvu d'intelligence, pourra toujours le faire, tandis qu'à certaines natures, même bien douées, il est souvent impossible, malgré tous leurs efforts, de comprendre une version prise, comme on les donne ordinairement, au milieu d'un auteur, sans que l'enfant sache ni ce qui précède, ni ce qui suit ; et cette impossibilité est une cause puissante de découragement empêchant tout effort ultérieur. » Il est certain qu'en donnant à tous les enfants le moyen de venir à bout de leur devoir, on leur donne un encouragement qui suscite l'effort en le récompensant.

Que devient la grammaire avec ce nouveau système pédagogique ? Il est certain que nous abusons de la grammaire dans l'enseignement et qu'ici encore l'effort demandé est hors de proportions avec le résultat obtenu. « Je ne veux pas qu'on abrutisse cet enfant », disait Montaigne, à propos de l'étude de la grammaire. En fait, l'étude spéciale et hors texte des déclinaisons et des conjugaisons n'est pas indispensable pour arriver à l'intelligence de la langue : l'enfant dans son pays et l'adulte établi en pays étranger les apprennent tout simplement en les entendant. Toute personne qui lira des textes latins en quantité suffisante, — et cela n'est possible qu'avec une traduction, — apprendra les flexions des mots par la lecture même de ces textes.

Il convient donc d'épargner à l'élève l'ennui et la perte de temps qu'entraînent la nécessité d'apprendre par cœur, dans la grammaire, les déclinaisons et les conjugaisons et d'y faire les recherches nécessaires pour trouver le cas des mots déclinables, ainsi que les personnes et les temps des verbes. Pour cela M. Benoist propose un système ingénieux.

Il part de ce précepte d'Horace, que ce qui arrive à l'entendement par les yeux se fixe mieux dans la mémoire que ce qui lui parvient par les oreilles; qu'on conserve plus facilement la mémoire de la forme d'un objet lumineux ou très éclairé, que celle d'un objet qui le serait peu; que la dimension et la netteté des objets influent sur la facilité que l'on a à en retenir la forme. Il faut donc frapper la vue de l'élève.

On obtiendrait ce résultat par le procédé suivant. Chaque déclinaison, chaque conjugaison, aussi bien pour les verbes réguliers que pour les verbes irréguliers, seront transcrits isolément, soit à la main par les enfants eux-mêmes, soit au moyen de l'imprimerie, mais en gros caractères, facilement lisibles à distance, sur des tableaux cartonnés mobiles, qu'on suspendrait aux murailles de la salle de travail, dans un ordre méthodique où l'élève se reconnaîtrait rapidement, de façon à trouver très vite la conjugaison et la déclinaison dont il aurait besoin. On pourrait encore transcrire les parties de ces tableaux qui demanderaient le plus d'espace, sur un atlas de grand format dont un exemplaire serait fourni à chaque élève.

« L'élève aidé de sa traduction et entouré des conjugaisons et des déclinaisons toutes exposées à sa vue, sera affranchi de ces recherches qui ne profitent aucunement à l'intelligence, qui la rebutent au contraire et arrêtent à chaque instant son essor. Il abordera sans difficulté la lecture d'un texte latin qu'il pourra ainsi comprendre de suite, sans aucune étude préliminaire et sans maître. S'il apporte une attention, même ordinaire, à ce travail, il pourra ensuite reprendre les passages qu'il aura compris et les expliquer sans traduction. Il ira de plus en plus vite dans cet exercice et arrivera ainsi à lire en peu de temps un ouvrage entier, de façon à le saisir d'ensemble, à en connaître toutes les matières et à se les approprier.

« Quand l'élève aura ainsi lu et compris

douze ou quinze volumes de latin, nous le répétons à dessein, il saura le latin. De plus, il connaîtra les pensées et les faits contenus dans ces volumes, ce qui, semble-t-il, n'est pas à dédaigner. En effet, si l'étude du latin produit sur la culture de l'intelligence des effets aussi merveilleux qu'on le prétend, ces effets se produiront mieux ainsi, qu'en étudiant minutieusement et pour ainsi dire à la loupe, comme on le fait faire aux enfants, la tournure d'une phrase latine, avec la conviction que, de cet examen microscopique, sortiront les résultats les plus extraordinaires pour le développement intellectuel de ceux qui s'y livreront. L'ardeur de cette conviction et le nombre considérable d'années pendant lesquelles les partisans des études latines l'ont professée, paraissent leur avoir fait négliger le fond pour la forme. La forme est peut-être admirable; quant à nous, nous lui préférons le fond et nous prétendons que les écoliers connaîtraient mieux celui-ci en lisant intégralement l'ouvrage d'un auteur latin qu'en analysant avec autant de scrupule quelques-unes de ses phrases.

« Pour les esprits extrêmement rares auxquels l'étude approfondie du latin peut procurer une culture plus parfaite, plus raffinée, notre méthode est aussi à conseiller. Elle leur donnera en effet rapidement l'intelligence de cette langue, chose indispensable pour en pousser plus loin l'étude, au lieu de les obliger à se traîner sur les rudiments comme le fait la méthode actuelle. Pour étudier une langue dans toute son essence, il est clair qu'il faut commencer par la comprendre. C'est le contraire qu'on essaie, tous les jours, de faire faire aux enfants. Cette étude approfondie devrait être laissée aux candidats à la licence et au doctorat et être abandonnée pour la masse des candidats au simple grade de bachelier, qui ne peuvent en profiter et qui n'en ont que faire. »

Pour appliquer cette méthode pédagogique, le professeur devra donc donner à ses élèves un certain nombre de pages de latin à préparer, à l'aide des traductions et des tableaux de déclinaisons; puis il fera expliquer sans aucune aide le texte préparé. Ce sera l'occasion pour lui d'exposer aux enfants, à propos du texte, tous les détails et tous les développements qui pourront les intéresser, soit sous le rapport historique, soit sous tout autre rapport,

Ces développements et ces détails, le professeur, peut, il est vrai, aussi bien les exposer à l'occasion de la version de vingt lignes et de la leçon de dix lignes, qu'on donne à faire ou à apprendre dans le système usité, ou même à l'occasion de l'explication, forcément très limitée, qu'on fait faire aujourd'hui aux élèves en classe; mais ces développements et ces détails auront autrement de saveur, lorsqu'ils arriveront au milieu d'un récit de longue haleine, qui aura déjà fait connaître aux élèves, d'une façon beaucoup plus complète, les personnages, les contrées, les différentes circonstances et les pensées dont il est question dans l'auteur qu'on traduira tout entier.

Pour les règles de syntaxe, le professeur les enseignera au fur et à mesure que l'occasion s'en présentera dans les explications d'auteurs préparées par les élèves, et il pourra indiquer en même temps la place où ceux-ci pourront les trouver dans la grammaire. On mettra d'ailleurs aussi en tableaux suspendus aux murailles, les exemples des règles de syntaxe, de même que les déclinaisons et les conjugaisons.

J'ai sous les yeux le tableau des conjugaisons

et des déclinaisons latines qui m'a été remis par l'auteur et que l'on peut se procurer à l'imprimerie Lahure. Il tient tout entier sur trois cartons de 35 sur 65 centimètres. Ces trois cartons sont reliés entre eux par deux bandes de toiles, ce qui permet à l'élève de les placer debout devant lui, à la façon d'un petit paravent. Il peut ainsi embrasser d'un regard toute cette partie de la grammaire. L'auteur a disposé un tableau semblable pour les règles de la syntaxe et il pourra prochainement le livrer au public.

III

Une partie de la brochure que j'analyse est consacrée à répondre à différentes objections que l'on peut être tenté de formuler; je ne puis mieux faire ici que de citer tout au long l'auteur, qui se défend... et qui attaque très judicieusement et avec beaucoup d'esprit. C'est le réquisitoire du sens commun :

« Nous avons vu plus haut quel genre d'exercices impose aux élèves la méthode usitée généralement. Par les versions, elle les contraint et, par suite, les habitue à parler sans savoir ce qu'ils disent, sans connaître le sujet qu'ils traitent; par les thèmes, qu'on leur fait faire prématurément, et d'ailleurs sans aucune nécessité, elle les force à inventer une langue qu'ils ne connaissent pas suffisamment, et chacun sait le latin qu'ils fabriquent ainsi. Par les autres pratiques auxquelles elle les assujettit, cette méthode ralentit, comme à plaisir, leur marche vers le but qui leur est assigné et leur fait prendre une allure qu'on ne peut qualifier autrement que de piétinement sur place.

« Que dirait-on d'un général qui, pour exercer ses soldats à la marche, leur prescrirait de faire 1 kilomètre par jour en y employant dix heures et les obligerait, pour atteindre ce but, à faire quatre pas sur chaque pavé! Dans quel état se figure-t-on que seraient les jambes de ses soldats après six années de cet exercice? Aurait-on la fantaisie de croire qu'elles seraient rendues capables de leur faire parcourir rapidement de grandes distances, de les faire marcher à grands pas? Dans quel état se figure-t-on, également que serait l'esprit des soldats soumis à ce régime! Il est bien à présumer que l'exaspération, le désespoir seraient chez eux la règle, et qu'il faudrait la crainte des punitions les plus sévères pour les contraindre à supporter la manière de marcher à eux imposée.

« L'état intellectuel et moral de nos enfants, à la suite et pendant le cours de leurs années d'études, serait exactement le même que l'état des jambes et de l'esprit des soldats dont nous venons de parler, si l'on pouvait, par les sévérités d'une discipline militaire, les contraindre à suivre exclusivement le régime auquel on a la prétention d'attribuer la faculté d'exercer leur intelligence, et de lui donner la culture la plus raffinée qu'on ait jamais pu imaginer.

« Cette prétention, disons-le en passant, paraîtra bien aux générations futures l'une des plus extraordinaires qui aient été professées par des gens ayant réussi à se faire prendre au sérieux par leurs concitoyens. C'est pour le coup qu'on se moquera des ancêtres...

« Le malaise général engendré par l'ensemble de circonstances que nous venons de décrire et dont souffre l'enfant, se traduit presque toujours par des plaintes. Inconscient, la plupart du temps, des causes qui le font souffrir, l'enfant se plaint à ses parents de s'ennuyer. Ceux-ci commettraient une grosse faute en considérant ces plaintes comme de peu d'importance. L'ennui, c'est en effet la pire des choses; il ne va pas sans l'oisiveté, et celle-ci, on sait ce qu'elle engendre.

« On se rend d'ailleurs très bien compte que, dans l'état actuel des choses, les parents cherchent à éviter de répondre aux plaintes que nous venons de signaler. Que répondraient-ils en effet? Ne disposant ou plutôt croyant ne disposer d'aucun moyen pour faire cesser l'ennui dont se plaint leur enfant, ils arrivent à considérer cet ennui comme un mal inévitable. Ils se sont ennuyés eux-mêmes au collège. Ils trouvent naturel que leur fils s'y ennuie...

« Ce qu'on rencontre fréquemment, ce sont des écoliers auxquels on reconnaît dans la vie ordinaire une intelligence indiscutable; ils sont vifs, ils sont éveillés, spirituels; ils saisissent facilement toutes choses; on s'étonne qu'ils ne veuillent pas, comme on dit, mordre au latin! Mais mordieu! leur refus de mordre au latin de la façon qu'on le leur présente, c'est précisément l'indice de leur intelligence! Refuser de se prêter à l'allure qu'on veut leur faire prendre, c'est précisément l'indice qu'ils ont des jambes faites pour aller plus vite. Renonçons à les entraver et nous les verrons courir !

« Ce qu'on trouve malheureusement trop souvent, c'est l'effet ordinaire de la compression irrésistible, de l'abus de la force, c'est l'emploi de l'arme dont se sont servis et dont se serviront éternellement les faibles et les opprimés, c'est la dissimulation, le mensonge. Les enfants répugnant fortement aux méthodes qu'on leur impose, un certain nombre d'entre eux cherchent en même temps à éviter les punitions qu'ils risquent d'encourir par cette façon d'agir. Pour cela ils mentent, ils dissimulent, ils usent de toutes les ruses que les circonstances mettent à leur disposition. C'est ainsi que s'avilit un enfant qui avait reçu de la nature, en naissant, de la droiture, de la loyauté, de la franchise. La bassesse de l'âme est le fruit trop souvent produit par la coercition dont on use pour faire respecter les méthodes que nous attaquons aujourd'hui. Ce n'est pas leur côté le moins déplorable. »

J'ai signalé ailleurs l'inconvénient qu'il y a à faire reposer tout le système de l'éducation sur l'espoir des récompenses et la crainte des punitions, sur une émulation, mal entendue. J'ai montré comment, en Angleterre et aux États-Unis, ce procédé est de plus en plus abandonné et condamné par les directeurs d'Écoles qui obtiennent le plus de succès. M. Benoist nous apporte des arguments nouveaux et très concluants :

« Les premiers parmi les élèves ne feraient pas mieux leurs devoirs que leurs camarades, s'ils n'y étaient sollicités par l'espoir des récompenses qui les attendent à la fin de l'année par leur distribution solennelle et par tous les moyens variés à l'aide desquels on entretient et l'on stimule, dans le courant de l'année, leur zèle et leur amour-propre. D'un côté on récompense avec fracas les vainqueurs, de l'autre on punit les vaincus.

« Que, sans supprimer les récompenses, on supprime seulement la réclame énorme qui accompagne leur distribution, que l'on diminue l'éclat de la publicité donnée au classement des élèves dans le courant de l'année, et l'on verra le zèle de ceux qui obtiennent ces récompenses disparaître immédiatement.

« Tous ces encouragements, toute cette mise en scène qui les accompagne, tous ces raffinements qu'on y ajoute de jour en jour et qui coûtent en définitive du temps, de la peine et de l'argent à ceux qui les ont organisés, semblent prouver, dans tous les cas, de leur part, assez peu de confiance dans le mérite intrinsèque du système auquel ils soumettent les écoliers. Est-ce qu'on serait obligé d'employer tous ces moyens si ce système n'était pas aussi impropre à se soutemir par ses propres mérites? En tous cas, des encouragements donnés comme nous venons de le rappeler constituent, au point de vue de l'éducation, des moyens bien pernicieux. Décerner solennellement des récompenses aux premiers des classes et punir les derniers, afficher les premiers sur des tableaux d'honneur qu'on expose à la vue de tous, faire ainsi remarquer les premier autant que cela est possible et par suite note les autres d'une marque contraire, quoi de pl propre à exalter encore l'orgueil des uns et à a gmenter la dépression dont sont naturellement affectés les autres?

« Est-ce qu'un vrai instituteur de la jeunesse procède jamais ainsi? C'est le contraire qu'il fait. Il cherche d'un côté à diminuer l'infatuation d'eux-mêmes à laquelle ne sont que trop portés ceux de ses élèves qui, étant heureusement doués, réussissent plus facilement que les autres. Ceux que la nature a moins favorisés, il cherche à les rehausser à leurs propres yeux et aux yeux des autres, il cherche à exciter leur amour-propre, à leur montrer qu'ils valent mieux qu'ils ne le paraissent, ce qui est d'ailleurs très souvent parfaitement vrai.

« Les récompenses et les punitions usitées actuellement, mais principalement les récompenses, par la manière dont elles sont décernées, produisent fréquemment encore, sur les vaincus, un autre effet que la dépression. Elles exaspèrent certaines natures bien douées, mais qui, par caractère, par ardeur naturelle, se refusent à se prêter aux méthodes qu'on essaye de leur imposer et ne veulent ni ne peuvent s'y soumettre. Elles les portent à la révolte. Elles font de ces enfants des fanfarons d'insuccès. Sentant qu'ils valent mieux que les rangs dans lesquels on les classe, et profondément vexés d'être traités comme un rebut, ils affectent d'être fiers d'avoir de mauvaises places, et de dédaigner les succès de leurs rivaux.

« Mais dans le système d'instruction que nous combattons, tout cela est indispensable pour obtenir des écoliers un travail quelconque. L'ennui profond que ce système produit infailliblement chez ceux qui lui sont soumis, les entraves qu'y rencontrent partout leurs efforts, rendent nécessaires ces excitations artificielles. Elles sont aussi mauvaises pour les vainqueurs dont elles exaltent l'orgueil que pour les vaincus dont elles paralysent les moyens naturels ou qu'elles exaspèrent.

« Comparons maintenant les effets de notre méthode à l'ankylose, à l'ennui, à l'oisiveté et aux malaises produits fatalement par l'autre. Quand l'élève parcourra, sans fatigue et d'une allure rapide, les pages d'un ouvrage tout entier, s'il est très jeune, l'intérêt du récit, les faits nombreux qui lui passeront sous les yeux; s'il a plus de maturité, les idées qu'il rencontrera, le commerce qu'il liera avec l'auteur, lui seront autrement profitables que les recherches dans le dictionnaire et la grammaire, que les leçons apprises par cœur et comprenant les unes, des règles de syntaxe d'une langue qu'il ne connaît pas, les autres, dix ou quinze lignes de latin, d'autres encore des conjugaisons et des déclinaisons, tout cela employant un temps fort long, d'abord en étude pour apprendre, et ensuite en classe pour réciter soi-même et entendre, qu'on nous permette l'expression, rabâcher ces mêmes leçons par les autres, soit au total de longues heures d'ennui intense, transformant l'étude et la classe en lieux de supplice pour les enfants qui ont le désir de travailler, de s'instruire, en lieux d'oisiveté pour les autres; — ce qui nous rappelle la réponse d'un écolier à un inspecteur qui lui reprochait son ignorance et ajoutait : « Mais, malheureux, que fais-tu donc une fois que tu es entré en classe? — Moi, Monsieur, j'attends qu'on sorte. » Nos enfants, en classe et en étude, ils attendent qu'on sorte, quand ils ne font pas pis encore. S'ils avaient la notion claire de la cause des souffrances qu'ils endurent, non seulement inutilement, mais avec dommage considérable pour le développement sain et normal de leur intelligence, que ne feraient-ils pas pour faire cesser ce supplice et s'affranchir des entraves dont on les charge, en cherchant à leur faire croire que c'est pour leur apprendre à mieux marcher! Mais nous avons vu que tout est combiné pour rendre inefficace toute velléité de révolte et pour la punir d'une façon véritablement terrible. C'est donc aux pères et aux mères de famille qu'il incombe de faire cesser l'état de choses déplorable dont leurs enfants souffrent. »

Voilà qui est parler. Mais on objectera peut-être que le nouveau système proposé a l'inconvénient de ne pas assez contraindre l'intelligence à l'effort. Il est facile de répondre à cette objection.

« Quand un enfant a préparé, à l'aide d'une traduction, une certaine quantité d'un livre latin, de façon à être en état de l'expliquer ensuite, sans le secours de la traduction, il a été obligé de faire des efforts, c'est incontestable. En augmentant la quantité de latin à préparer, ou bien en choisissant d'abord un auteur trop difficile, on arriverait aisément au point où les efforts à faire dépasseraient les forces de l'élève. Oui, l'effort est indispensable pour développer aussi bien l'esprit que le corps, mais, pour que les êtres dont on désire l'obtenir veuillent et puissent le faire d'une façon suivie, il est indispensable qu'il produise immédiatement un résultat appréciable, qu'il ne soit pas trop pénible, que l'ennui ne vienne pas paralyser les forces de celui qui le fait, enfin que le but à atteindre ne soit pas trop éloigné; tout ceci est encore plus vrai de l'effort intellectuel que de l'effort physique, l'esprit échappant à la traînte bien plus facilement que le corps.

« Nous obtiendrons les efforts que nous demanderons : 1° parce qu'ils ne dépasseront pas les forces et que néanmoins ils feront faire de suite un progrès visible et appréciable ; 2° parce que l'enfant prendra de l'intérêt à l'étude du latin en lisant des ouvrages entiers au lieu de fragments dont on lui donne seulement connaissance; 3° enfin parce que le but que nous lui proposerons d'atteindre ne sera pas trop éloigné, puisque les études latines ne dureront que trois années. »

Le système actuel donne des résultats très différents :

« Après avoir essayé, pendant un temps généralement assez court, de faire des devoirs qui ne satisfont aucunement sa curiosité, qui sont affreusement ennuyeux et auxquels il ne voit produire aucun résultat appréciable, l'enfant prend l'habitude de les faire sans aucune application, et simplement pour ne pas être puni.

« Non seulement il n'exerce pas son intelligence, puisqu'il ne fait aucun effort intellectuel, mais il voit ce qu'il a reçu, en naissant, de courage aller tous les jours diminuant, puisque chaque devoir est pour lui l'occasion d'une défaite plus ou moins volontaire. Au lieu d'apprendre, suivant le vœu de ses instituteurs, à accomplir les tâches que la vie lui réserve, il s'habitue de plus en plus à n'en accomplir aucune et à trouver cela tout naturel. Et voilà dans quelles dispositions nos bacheliers entrent dans la vie à la fin de leurs études, non sans avoir entendu répéter à satiété, aux discours de distributions de prix et ailleurs, que le système auquel ils avaient eu le bonheur d'être soumis avait pour but et pour résultat de tremper les caractères, de former des hommes! »

IV

Bien que la méthode préconisée par M. Benoist me parût excellente, j'entrepris d'en faire l'expérience sur un enfant qui venait de terminer la sixième.

Je mis entre ses mains différents textes latins, avec la traduction, et je constatais, de jour en jour, que l'enfant arrivait à lire et à comprendre en une heure, ce qui, avec le système de la grammaire et du dictionnaire, lui aurait demandé au moins quatre ou cinq heures. Il m'expliquait ensuite le mot à mot sans le secours de la traduction et je lui commentais, lorsque cela était nécessaire, et toujours à propos du texte, les règles de grammaire qui auraient pu l'arrêter.

L'enfant fut tout surpris d'avancer aussi rapidement et aussi facilement et il m'exprima son étonnement par cette réflexion bien typique : « On dirait qu'on parle le latin. » Avec les méthodes actuelles, on ne fait que l'ânonner, et on a l'impression du stationnement et non de la marche en avant.

Mon opinion fut encore fortifiée par une communication que m'adressa inopinément un ecclésiastique, M. l'abbé G. Théodore, ancien chef d'institution. La pratique personnelle de l'enseignement et surtout la nécessité d'apprendre rapidement le latin aux jeunes gens qui ne se décident que très tard à se préparer au sacerdoce, l'avaient amené à une méthode identique.

Pour l'application de cette méthode, M. l'abbé Théodore a publié, avec traduction française en regard et avec des notes grammaticales, un certain nombre des textes latins dont on se sert dans les classes (1).

« Déjà, dit la *Semaine religieuse* d'Autun, dans plusieurs petits séminaires, entre autres à Plombières, près Dijon, on a établi un cours dit *spécial* où l'on suit cette méthode. Les enfants qui le composent sont âgés de treize à quinze ans; ils n'ont jamais appris un mot de latin et cependant après dix mois d'études, ils entrent presque toujours en quatrième et *sont placés au premier rang.* » Il est seulement regrettable qu'à partir de ce moment, on soumette ces élèves au piétinement de nos régimes pédagogiques.

Lorsque j'eus exposé, dans la *Science sociale*, cette méthode et ses résultats, je reçus plusieurs lettres de professeurs qui en confirmèrent l'efficacité au nom de leur propre expérience.

Un professeur agrégé du Lycée d'Évreux m'écrivit : « Je m'empresse de vous envoyer une bonne nouvelle. M. Benoist n'est pas un isolé; ses idées, comme vous le remarquez fort justement, sont des idées de bon sens et le bon sens se trouve un peu partout... Bon nombre

(1) On peut se procurer ces volumes à la librairie Larousse, 19, rue Montparnasse, à Paris.

de professeurs de l'Université sont persuadés qu'il vaudrait mieux abandonner le grec et le latin que de se contenter des maigres résultats auxquels on arrivait naguère... Ces mêmes professeurs n'hésitent pas, entre autres moyens, à recommander à leurs élèves l'usage intelligent des traductions. Quant à la grammaire, ils n'en usent que dans la mesure où elle est nécessaire, et ils considèrent comme une vérité banale cette idée que l'étude de la syntaxe doit se faire à propos des explications d'auteurs... » Malheureusement, les professeurs qui recourent à ces procédés intelligents ne sont qu'une exception et ils sont d'ailleurs en contradiction avec les règlements formels de l'Université.

Citons encore le témoignage d'un autre professeur, licencié ès-lettres. Il nous écrit :

«... J'ai invariablement reconnu que l'on fait fort peu de chemin en employant la méthode usuelle des classes. Au contraire, j'ai constaté que certains moyens irréguliers, proscrits dans les collèges, me donnaient de bons résultats : par exemple, l'usage des traductions.

« Quand un élève vient me dire : J'ai besoin d'être préparé en deux mois, trois mois, au baccalauréat, je lui réponds de suite : Achetez donc des traductions, Certains professeurs craignent cela. Ils ont peur de trahir le secret mystérieux de leur propre science. C'est leur intérêt qui les inspire, et non celui de l'élève. En réalité, un enfant travailleur avance énormément s'il se met chaque jour, pendant un temps donné, à lire des traductions grecques et latines. D'abord il s'intéresse ainsi au sujet, à l' « histoire » racontée par l'auteur. Ensuite une foule de mots défilent devant son œil à plusieurs reprises et finissent par s'y graver par la multiplicité même de leurs passages.

« Je ne suis pas le seul, d'ailleurs, à penser ainsi. Je causais l'autre jour avec un ecclésiastique fort intelligent, docteur ès lettres, et professeur dans un de nos meilleurs établissements libres. L'entretien tomba sur le chapitre des traductions. « Le règlement les défend, me dit-il » ; et il reprit, après un instant de silence : «... Seulement, je conseille à tous mes rhétoriciens d'en avoir en contrebande. » Est-ce assez typique, assez concluant?

« De mes leçons, quel que soit l'âge de l'enfant, j'ai personnellement l'habitude de bannir la grammaire. J'ai reconnu que le temps passé à l'apprendre et à la réciter est un temps « qui ne paye pas ». Le profit qu'on en retire est bien mince, et ces moments peuvent être mieux utilisés. Mon système, quand j'ai affaire à des « faibles en latin », est de faire traduire à outrance. C'est peu ingénieux, pas compliqué du tout, mais, en définitive, c'est ce qui me donne le « rendement » le meilleur.

«... J'ai passé mon baccalauréat avec la mention très bien, et mes thèmes grecs de licence, l'année d'après, me revenaient avec des notes désastreuses. Un mois de travail personnel sur des traductions, au dernier moment, m'a permis de gagner sept points (2 à 9) sur ma dernière note. »

Ces divers témoignages sont nets, concordants et fondés sur l'expérience.

A cela, certaines personnes objecteront que cependant autrefois on apprenait bien le latin, qu'on arrivait à l'écrire couramment et souvent à le parler. Le latin était même alors la langue universelle de la science.

Cela est vrai, mais ce serait une erreur grossière que d'attribuer ce résultat à la méthode que l'on suit actuellement.

Autrefois les professeurs enseignaient le latin en latin, ils parlaient latin. Ils mettaient par conséquent en pratique, pour les langues anciennes, précisément la méthode que nous réclamons pour les langues vivantes et qui consiste à apprendre une langue en la parlant et en la lisant.

Malheureusement, depuis lors, les professeurs, aussi bien dans le Clergé que dans l'Université, ont été peu à peu hors d'état de parler le latin et souvent même de l'écrire, je ne dis pas couramment, mais convenablement. Ils ont dû cesser par conséquent de professer le latin en latin. Alors, obligés d'enseigner ce qu'ils savaient mal eux-mêmes, ils se sont rejetés sur la grammaire et sur le dictionnaire. Seulement ce procédé était infiniment moins efficace et infiniment plus long. Depuis cette époque, l'enseignement du latin n'a fait que décliner (1).

Aujourd'hui, la vraie question du latin est moins de savoir comment on pourrait l'enseigner aux élèves, que de savoir d'abord comment on pourrait bien l'enseigner aux professeurs.

(1) Moi même, j'ai encore appris la grammaire latine en latin, mais le professeur était obligé, pour sa commodité, de nous l'expliquer *en français*, si bien que ce texte latin que nous comprenions difficilement n'était, pour nous, qu'une complication de plus ajoutée à toutes les autres. Nous le récitions machinalement sans intérêt et sans profit.

S'il est actuellement quelques professeurs capables de s'exprimer et d'enseigner en latin qu'ils se fassent connaître. On les comptera.

Nous pouvons maintenant conclure :

La meilleure méthode, la plus efficace, pour enseigner une langue, c'est de l'enseigner en la parlant.

Or, aujourd'hui, les professeurs sont hors d'état de parler le latin et, à plus forte raison, le grec.

Dès lors, il faut avoir recours au procédé qui se rapproche le plus de la parole, c'est la lecture. L'enfant doit lire, lire, lire beaucoup et d'une façon suivie. S'il ne peut plus causer avec le professeur, il peut du moins causer avec les auteurs latins eux-mêmes. Et il est vraiment étrange que le système actuel rende cette communication presque impossible, en plaçant obstinément, entre les auteurs latins et les élèves, la double muraille du dictionnaire et de la grammaire.

Le moyen le plus facile et le plus rapide de lire et de comprendre un texte, c'est l'emploi d'une traduction; elle permet d'interpréter immédiatement des pages entières, des chapitres entiers, des œuvres entières.

Et c'est bien là le procédé qui se rapproche le plus du procédé naturel, lequel consiste à apprendre une langue d'abord en la parlant,... et, quand on ne trouve plus personne à qui parler, en la lisant.

Cette méthode n'aura pas seulement pour résultat de permettre de nouveau d'apprendre le latin, à ceux, — assez rares d'ailleurs, — à qui cette langue peut être utile; mais, de plus, elle diminuera, dans une proportion très considérable, le temps qui est actuellement consacré en pure perte à cette étude.

Voyons donc comment, dans l'École nouvelle, on va employer le temps enfin reconquis grâce à une meilleure méthode.

CHAPITRE VI

LE PROGRAMME DES ÉTUDES DANS L'ÉCOLE NOUVELLE.

Je prie maintenant le lecteur de placer sous ses yeux le second Tableau, le *Tableau des matières de l'Enseignement d'après le Programme de l'École nouvelle.*

Les matières enseignées dans les classes sont disposées dans le même ordre qu'au Tableau précédent et à la suite, ce qui rend la comparaison plus facile.

Le premier fait sur lequel j'attire l'attention, c'est la division de toute la période scolaire en deux sections :

Une section générale, comprenant les trois premières années, c'est-à-dire les classes inférieures correspondant à la sixième, à la cinquième et à la quatrième.

Une section spéciale, comprenant les trois dernières années, c'est-à-dire toutes les classes supérieures, au delà de la quatrième.

Ainsi qu'on va s'en rendre compte — et j'espère me faire comprendre aussi bien des mères et que des pères de famille — cette division correspond à une nécessité résultant de la nature humaine elle-même et dont l'enseignement actuel ne tient pas compte.

Il est clair qu'un jeune élève qui entre en sixième ignore absolument quelle profession il embrassera plus tard; il ignore, et ses parents ignorent également, quels sont ses goûts et ses aptitudes.

Avec le plan actuel d'études, il faut se décider à l'aveuglette, au petit bonheur, alors que l'enfant n'a encore que huit ou neuf ans, soit pour l'enseignement classique, soit pour l'enseignement moderne, et ce choix peut peser sur toute la vie. On joue l'avenir de l'enfant en quelque sorte à pile ou face; on lui ouvre, ou on lui ferme, suivant le cas et pour toujours, telles ou telles carrières. C'est là, pour les pères de famille, une grave préoccupation et une bien lourde responsabilité; c'est, pour les enfants, un redoutable aléa.

Et comme les professions libérales, les grandes Écoles et l'Administration exercent en France un irrésistible prestige, les parents se décident généralement pour l'enseignement dit classique qui est la voie d'accès de ces carrières. Aussi ces dernières sont-elles de plus en plus encombrées et beaucoup de ces malheureux jeunes gens iront plus tard donner de la tête contre un mur infranchissable. Ce qu'il y a de triste, c'est qu'ensuite ils ne seront pas bons à autre chose, et ne seront que des déclassés.

L'établissement, au début des études et pendant trois années, d'une section générale a précisément pour but de résoudre cette difficulté du choix judicieux d'une profession. On va voir qu'elle est résolue en tenant compte à la fois de la nature humaine et des meilleures conditions de l'enseignement.

Cette section est appelée *générale*, parce que, pendant ces trois années, l'enseignement est exactement le même, il est général, pour tous les enfants, contrairement à ce qui aura lieu plus tard dans la section spéciale.

Or, cet enseignement général porte sur un ensemble de connaissances que *tout homme doit posséder quelle que soit sa profession.*

Examinons donc les diverses matières enseignées dans cette section.

I

Ce qui frappe, à première vue, c'est que le latin et le grec n'y figurent pas. Par l'emploi de la méthode que nous venons d'exposer, il n'est pas nécessaire de commencer le latin et le grec dès la sixième, puisqu'il est possible de l'apprendre en trois ou quatre années. Il nous suffira dès lors de le commencer à partir de la troisième, et à un âge où l'intelligence est plus capable de cet effort.

Voilà qui rend disponible une moyenne de dix heures de classes par semaine, plus une durée égale d'études, soit *la moitié du temps des élèves*.

Cela nous met à l'aise pour constituer sur de nouvelles bases le programme de ces trois premières années.

Il s'agit donc de savoir quelles sont les matières que *tout homme doit connaître quelle que soit sa profession*.

Il s'agit en outre de savoir si ces matières peuvent être *rendues facilement accessibles à l'intelligence d'enfants au-dessous de quatorze ans.*

Le programme comprend d'abord un premier groupe d'études, qui occupe à peu près la durée de temps consacrée au latin dans l'enseignement actuel : ce sont *les langues vivantes.*

Elles sont représentées par le français, l'anglais et l'allemand, c'est-à-dire par la langue maternelle et par les deux langues étrangères les plus indispensables.

Tout homme bien élevé devra, de plus en plus dans l'avenir, lire et parler couramment ces trois langues, sous peine d'une infériorité manifeste dans n'importe quelle situation.

Mais, pour cela, l'étude de ces trois langues doit être rendue plus accessible qu'elle ne l'est maintenant.

Cela est vrai même pour le français : « Nous savons le français, dit spirituellement et excellemment le normalien Raoul Frary, sans nous donner la peine de l'apprendre ; il suffit d'écouter ceux qui le parlent et de lire bien les auteurs qui l'ont bien écrit. Il semble que ce bienfait de la nature nous ait déplu parce qu'il était gratuit ; nous avons cherché le moyen de faire payer chèrement aux écoliers ce qu'ils pouvaient avoir pour rien et nous l'avons trouvé. On a traité la langue maternelle comme une langue morte; on l'a hérissée de grammaire, d'orthographe et d'analyses; on a élevé autour d'elle un rempart de règles, d'abstractions et de subtilités, comme pour dégoûter sans retard les enfants de l'étude; on les a jetés, à peine sortis des bras de la nourrice, dans les halliers des participes et les broussailles de l'imparfait du subjonctif. Une grande partie du travail que la jeunesse des écoles primaires consacre à s'instruire est sacrifiée à la tyrannie de l'orthographe; cette science de convention dévore les heures les plus précieuses de la vie.

« Nos élèves ne sont pas obligés de boucler avant treize ans tout leur bagage d'instruction; je voudrais qu'on leur épargnât les tortures de la grammaire. L'orthographe d'usage leur viendra d'elle-même; quant aux règles, on les leur expliquera en peu d'heures, quand ils seront en état de les comprendre. Je ne parle pas de prétendues analyses logiques et grammaticales qui semblent avoir été inventées uniquement pour tuer le temps de la façon la plus triste (1). »

(1) *La Question du latin*, ch. XIII, p. 218.

La vraie méthode consiste à amener les enfants à lire beaucoup les meilleurs auteurs ; c'est par la lecture que le style et, par surcroît, l'orthographe et la grammaire d'usage pénétreront le mieux dans leur esprit. Et ils y pénétreront agréablement si l'on choisit bien les auteurs. Rebuter l'enfant comme nous le faisons, n'est pas le meilleur moyen de l'instruire.

Mais c'est surtout pour l'étude des langues étrangères qu'il est important de modifier complètement nos procédés.

J'ai constaté plus haut, ce que tout le monde sait d'ailleurs, qu'actuellement on étudie les langues vivantes sans les apprendre réellement. C'est toujours la même erreur : on les traite trop généralement comme des langues mortes.

Il faut apprendre les langues vivantes comme on apprend sa langue maternelle, *en les parlant*. La grammaire ne doit être étudiée qu'ensuite et seulement dans la mesure où cela est nécessaire.

Autant l'esprit de l'enfant répugne à l'étude aride et obscure de la grammaire et à l'emploi du dictionnaire, autant il est apte à apprendre les langues par la pratique. Il apprend beaucoup plus facilement par l'oreille que par les yeux.

J'ai pu constater le fait pour de jeunes enfants qui ont appris ainsi l'anglais et l'allemand. Je puis citer également les résultats obtenus à l'École d'Abbotsholme, d'après le témoignage d'un de nos compatriotes qui a été professeur de français à cette école. (On n'a pas cru devoir faire enseigner le français par un professeur anglais).

Voici ce qu'il m'écrit : « L'enseignement des langues étrangères est remarquablement organisé. La grammaire n'est étudiée que lorsque les élèves ont déjà cinq ou six mois de pratique; le cours se fait complètement en français, ou complètement en allemand, sans un seul mot d'anglais (mon correspondant d'ailleurs ne parlait pas l'anglais lorsqu'il a commencé son enseignement à Abbotsholme). Le professeur s'applique à parler très lentement et à ne laisser passer aucun mot qui ne soit bien compris. On procède au moyen de conversations adaptées à la force des élèves. Par exemple, pour les plus jeunes, on prendra le sujet suivant : « Un petit garçon offre une chaise à une dame. » Deux enfants remplissent les deux rôles et exécutent les mouvements à mesure qu'ils les énoncent; on évite ainsi la nécessité d'une traduction, qui n'est propre qu'à arrêter les enfants et à jeter de la confusion dans leur esprit. Ils apprennent ainsi très rapidement à penser dans la langue qu'on leur enseigne.

« Dans le cours suivant, on entreprend des études plus difficiles; on décrira, par exemple, la vie d'un écolier, la vie à la campagne, les travaux des champs, etc.

« L'année d'après, on aborde des sujets encore plus étendus et qui se poursuivent pendant un certain nombre de leçons : par exemple, la description d'un voyage qui a duré deux mois, ou bien la culture complète d'une plante industrielle et les travaux de fabrication auxquels elle donne lieu.

« C'est seulement dans le cours supérieur qu'on étudiera la grammaire, les idiotismes, la littérature.

« En général, chaque fois que cela est possible, le professeur dessine au tableau des figures d'ensemble avec leurs noms et leurs rapports; ou bien, il se sert de tableaux en couleur que les élèves reproduisent, par exemple : un navire, un canon, un port, une machine, une fortification. On étudie chaque mot en particulier, orthographe, homonymes, verbes, temps. Les progrès sont remarquables.

«Enfin, l'histoire et la géographie de l'Angleterre, de la France et de l'Allemagne, se font entièrement dans la langue du pays que l'on étudie... »

Il est clair que, pour appliquer cette métode, la première condition est que le professeur parle la langue qu'il doit enseigner absolument comme sa langue maternelle, sans cela il sera naturellement porté à s'en servir le moins possible. En faisant enseigner les langues étrangères par des Français, nous conservons, il est vrai, des situations à un certain nombre de nos compatriotes, mais nous sacrifions l'enseignement lui-même et nous gaspillons en pure perte le temps des enfants et l'argent des parents. C'est toujours la question de savoir si l'enseignement est fait pour les professeurs ou pour les élèves.

Depuis l'origine du monde, la mère la plus ignorante et à l'esprit le plus borné arrive à apprendre rapidement et complètement l'usage de la langue à ses enfants et tous nos doctes professeurs n'y arrivent pas. C'est donc que leur méthode est mauvaise et que l'autre, la méthode naturelle, est seule bonne.

Je ne rends pas nos professeurs de langues étrangères responsables de cette situation ; ils en sont, eux aussi, les victimes : après leur avoir enseigné ces langues d'après des méthodes défectueuses, on les met dans la nécessité de les enseigner de la même manière. En effet, dans des classes composées de 30 à 40 élèves, avec lesquels ils ne peuvent avoir aucun rapport personnel, il est impossible de procéder autrement qu'ils le font. Malheureusement, tout se tient dans la mauvaise organisation de notre enseignement.

Afin d'accélérer encore les progrès des enfants, l'École nouvelle aura recours à un procédé dont l'efficacité est décisive. Elle a établi une entente avec un certain nombre de maisons d'éducation, anglaises et allemandes, qui recevront les jeunes Français pendant une période de trois mois, six mois ou un an, si les parents le désirent. Ainsi plongé en quelque sorte dans le milieu dont il doit apprendre la langue, l'enfant fera des progrès très rapides. Il possèdera à son retour la pratique de la langue, ce qui simplifiera singulièrement l'enseignement de la grammaire et de la littérature.

Ce séjour à l'étranger sera d'autant plus profitable que les élèves seront plus jeunes. Dans le jeune âge, les enfants apprennent les langues avec une rapidité extraordinaire, sans s'en douter, presque en jouant et en se jouant. Une fois que la connaissance pratique de la langue est acquise, les progrès sont très rapides, parce que la difficulté pour comprendre et pour parler n'existe plus.

Ainsi, l'emploi de la méthode naturelle supprime l'obstacle et l'épouvantail de l'enseignement des langues étrangères. Ajoutons que, pour rendre moins onéreux aux parents ces séjours à l'étranger, et pour en développer l'usage, l'École prendra à sa charge tous les frais de voyage.

En continuant à suivre l'ordre du Tableau, nous voyons figurer la *Géographie* et *l'Histoire* auxquelles, par suite de l'ajournement du latin, on peut consacrer plus de temps que dans l'enseignement actuel. Mais il importe, en outre, de les enseigner autrement.

La Géographie, telle que l'ont apprise les hommes de mon âge, n'était qu'une aride nomenclature de montagnes et de cours d'eau, de villes et de divisions administratives, en un mot de termes plus ou moins difficiles à retenir, qui ne faisaient que traverser péniblement la mémoire sans grand résultat pour l'instruction.

Des progrès louables ont été faits depuis cette époque; malheureusement, ils ont principalement consisté à surcharger cette science de notions nouvelles, surtout économiques, plutôt qu'à l'éclairer, à la vivifier, en montrant les rapports étroits qui existent entre les phénomènes purement géographiques et les divers éléments de la société humaine.

La Géographie est essentiellement l'étude du Lieu physique; mais chaque Lieu influe directement et nécessairement sur les formes du travail, de la propriété, de l'organisation familiale, de l'organisation administrative, sur la race elle-même, dont les aptitudes sont modifiées dans tel sens ou dans tel autre. La science sociale est aujourd'hui arrivée à déterminer ces rapports, et elle les précise de jour en jour (1).

Mais l'influence exercée par le Lieu actuel n'est pas unique, elle est plus ou moins modifiée par la formation antérieure de la race, c'est-à-

(1) Je prends la liberté de signaler, à titre d'exemple, le volume, *les Français d'aujourd'hui. Les types sociaux du Centre*, par Edmond Demolins, 1 vol. in-12, Firmin-Didot.

dire par son histoire. La formation antérieure d'une race peut la rendre plus ou moins apte à lutter contre les difficultés d'un lieu déterminé et à le transformer.

Cela revient à dire que l'homme est influencé doublement :

Il est d'abord influencé par les conditions *actuelles* du Lieu : et voilà la *Géographie.*

Il est en outre influencé par les conditions *antérieures* du Lieu, ou des Lieux, que ses ancêtres ont traversés : et voilà l'*Histoire.*

La diversité des races humaines n'a pas d'autre origine essentielle que la diversité des milieux dans lesquels chaque race a dû évoluer, soit dans le passé, soit dans le présent.

La Géographie et l'Histoire ainsi étroitement combinées ont pour objet d'expliquer cette diversité; elles ont, par conséquent, pour objet d'expliquer l'homme et les sociétés, ou, en d'autres termes, les divers groupements qui existent entre les hommes à tous les points de vue.

Elles sont donc, par excellence, les fondements de la science de l'homme et de la société : la science sociale.

Je n'ai pas ici à en dire plus long; mais je

dois cependant ajouter une observation très importante au point de vue pédagogique

Une des grandes faiblesses de l'enseignement actuel est l'état en quelque sorte chaotique dans lequel se trouvent les connaissances humaines les unes par rapport aux autres.

Dans l'antiquité, les diverses connaissances étaient étroitement reliées entre elles : elles étaient groupées autour de la Philosophie qui comprenait jusqu'aux mathématiques (1).

Au moyen âge, les connaissances humaines étaient encore étroitement reliées les unes aux autres; elles étaient groupées autour de la Théologie, qui englobait à la fois la philosophie et les mathématiques.

Grâce à cette cohésion, l'esprit humain pouvait embrasser un ensemble de connaissances, qui, si elles étaient incomplètes et souvent erronées, se tenaient du moins entre elles.

L'entrée en scène des sciences naturelles vint rompre cet ordre, en faisant éclater les vieux ca-

(1) C'est en vertu de cette tradition, inspirée par notre esprit classique, que l'on place la philosophie comme le couronnement de notre enseignement secondaire. Mais cette philosophie n'est que l'histoire des innombrables systèmes philosophiques et elle n'enseigne guère que l'art de disputer toujours sans s'entendre jamais.

dres trop étroits de l'enseignement. On sait comment François Bacon essaya, mais sans succès, de remettre les choses en ordre, en entreprenant un ramaniement et une classification des connaissances humaines, sous le titre de « *Instauratio magna* ». Il échoua, parce que aucune science n'était alors assez générale, assez compréhensive, pour qu'on pût en faire le centre et le pivot de toutes les autres.

Aussi l'enseignement est-il allé se compliquant et s'émiettant de plus en plus. Les professeurs, d'année en année plus nombreux et plus divers, n'ont d'autre préoccupation que d'enfourner dans la tête des malheureux enfants telle connaissance ou telle autre, sans se préoccuper de ce qu'enfournent dans les mêmes têtes les autres professeurs. Ce que peut devenir une cervelle humaine soumise à ces opérations disparates et non combinées est vraiment épouvantable.

C'est ainsi qu'il y a aujourd'hui des enseignements, mais qu'il n'y a plus un enseignement.

La science qui a fait défaut à Bacon pour remettre les choses en ordre existe aujourd'hui; elle a pu enfin être constituée grâce à la connaissance plus complète et plus exacte de la planète et des diverses sociétés humaines qui l'habitent actuellement et qui l'ont habitée autrefois.

La science de l'homme et des sociétés pouvait seule fournir un cadre assez vaste pour contenir et relier l'ensemble des connaissances humaines.

L'homme seul peut être le centre de l'enseignement humain.

Dans l'antiquité, c'était l'homme étudié à la lumière de la Philosophie.

Au moyen âge, c'était l'homme étudié à la lumière de la Théologie.

Dans l'avenir, ce sera l'homme étudié à la lumière de l'observation méthodique et comparée, ayant pour base les conditions du Lieu et du Travail, aussi bien dans le présent, par la Géographie, que dans le passé, par l'Histoire.

Mais pour cela, il faut que l'enseignement de la Géographie et de l'Histoire soit renouvelé, de manière à embrasser, dans ses divers milieux, et dans ses diverses époques, l'homme réel et vivant. Cet enseignement est aujourd'hui créé et l'École nouvelle n'aura qu'à en faire l'adaptation graduelle à l'intelligence des enfants.

Le lien existant entre les diverses connaissances et leurs rapports avec l'homme apparaîtront alors nettement :

On verra que les phénomènes géologiques, botaniques ou zoologiques, qui forment les éléments du Lieu, influencent directement les diverses natures de Travaux et, par conséquent, l'état social, soit dans le passé, soit dans le présent.

On verra que cet état social ainsi créé réagit à son tour sur les manifestations de la pensée humaine, philosophie et littératures anciennes ou modernes, qu'il les a fait évoluer directement et qu'il les explique. La philosophie et la littérature sont l'expression de la société.

On verra que les phénomènes physiques et chimiques, dont l'homme a réussi récemment à pénétrer les secrets, ont pour effet de transformer non seulement le globe terrestre, c'est-à-dire le Lieu géographique, mais de modifier aussi les conditions historiques de la vie humaine et de la vie sociale. Et on saisira exactement la nature, le degré d'intensité de ces modifications et leur réaction sur les autres ordres de connaissance.

Ainsi, tout l'enseignement sera rendu plus

clair et plus facilement assimilable, parce qu'il sera enfin coordonné. Et cela est urgent.

L'étude du *Calcul* et des *Mathématiques,* à laquelle nous pouvons consacrer un peu plus de temps, — toujours grâce à l'ajournement du latin, — sera faite d'après une méthode plus accessible aux enfants. On en jugera par ce qui se pratique avec succès à l'École de Bedales :

« Cette semaine, m'écrit mon fils, nous avons appris le système métrique avec le professeur de chimie parce que cela nous est très utile en science. On nous l'enseigne d'une manière pratique et pas du tout comme en France. Par exemple, pour les mètres carrés, on nous fait dessiner un carré de 10 centimètres de côté. Puis on le fait diviser en centimètres carrés et on nous explique alors pourquoi il y en a cent.

« Pour les mètres cubes, le professeur apporte un certain nombre de cubes en bois d'un centimètre de côté et il les dispose d'une certaine façon. Par exemple, il fait un cube de trois centimètres de côté et il nous les fait compter. Comme cela tout le monde comprend.

« En arithmétique, nous en sommes aux

fractions. Pour nous les expliquer, on trace, par exemple, une ligne droite sur le tableau et on la divise en un certain nombre de parties égales, en cinq, je suppose, et on en prend trois, ce qui donne trois cinquièmes..... »

Je ne prétends pas que tout cela soit très malin et même très nouveau; mais, en fait, le plus souvent, on dédaigne de procéder ainsi dans les écoles, au grand détriment de la clarté et de la simplification.

Pour donner à l'enseignement des Mathématiques un caractère à la fois pratique et intéressant, les élèves feront des applications des calculs qui leur seront enseignés. Par exemple, ils auront à établir les comptes de dépense de la ferme, du jardin, des jeux, des fournitures de bureau, du laboratoire de chimie, de la nourriture, du chauffage, etc. Ils devront les mettre en état et faire pour cela tous les calculs nécessaires. Ainsi les chiffres s'animent, ils deviennent vivants, ils instruisent à conduire une maison, une exploitation agricole, industrielle ou commerciale, ils préparent, en un mot, des hommes pratiques, ils prennent vraiment un caractère social.

Toujours en suivant notre tableau, nous rencontrons le groupe des *Sciences naturelles, physiques et chimiques,* qui, dans l'école actuelle, est bien le groupe sacrifié.

Nous avons constaté en effet que la Géologie, la Botanique, la Zoologie, la Physique et la Chimie ne sont pour ainsi dire pas enseignées.

Il est cependant indispensable, quèlle que soit la profession que l'on embrasse, d'avoir des notions pratiques et théoriques sur ces diverses sciences.

Notre bachelier ès lettres ignore parfaitement la Géologie, la Botanique et la Zoologie; ses étonnements, quand on le met, par exemple, en face des plantes même les plus communes sont vraiment comiques. En Physique et en Chimie, il ne possède que des notions rudimentaires acquises à la hâte à la veille même de l'examen, pendant l'année consacrée à la philosophie! Il ignore donc complètement la nature dans ses diverses et splendides manifestations. Le monde est pour lui comme s'il n'existait pas! Pour ma part, je ne pardonnerai jamais à mes maîtres et aux grands chefs de l'instruction publique en France d'avoir laissé une pareille lacune dans mes études. Il faut cependant que les gens s'habituent à assumer la responsabilité de leurs actes.

Cette lacune est d'autant plus malheureuse que les enfants, même les plus jeunes, prennent un intérêt extraordinaire à ces études, lorsqu'elles leur sont enseignées pratiquement et avec intelligence.

L'étude des sciences naturelles, dans le nouveau type d'école, a pour point de départ l'observation directe : cela est d'autant plus facile que ces écoles sont établies à la campagne et que les enfants peuvent recueillir aisément de nombreux spécimens du règne minéral, végétal et animal. En outre, la vie, les habitudes, les parties externes d'un animal sont étudiées avant les organes internes et le squelette; les formes et la structure des plantes, avant leur classification; les noms et les apparences des astres et des planètes avant les lois de leur mouvement. Les excursions de l'après-midi indiquées sur l'horaire permettent de faire ces observations, de recueillir des plantes ou des insectes, qui sont ensuite disposés avec soin et classés par les élèves eux-mêmes. La science devient plus naturelle, plus intelligible, plus attrayante; elle pénètre plus facilement dans l'esprit et s'y grave plus profondément. L'étude laisse après elle, non pas le dégoût, comme il arrive trop souvent avec nos méthodes purement théoriques et livresques, mais le désir de pousser ces connaissances plus loin, même après la sortie du collège, grâce à l'intérêt très vif qui a été une fois éveillé.

Ces études conviennent d'ailleurs aux enfants à un autre point de vue : elles peuvent se faire en partie en plein air et deviennent par là un exercice utile et sain. Car, de continuer à élever nos enfants entre quatre murs et sous un régime claustral, qui serait anti-hygiénique même pour des vieillards, c'est un procédé stupide et barbare contre lequel il faut soulever enfin l'indignation publique.

On doit comprendre maintenant pourquoi le programme de l'École nouvelle accorde aux sciences naturelles, physiques et chimiques une moyenne de cinq heures par semaine dans les trois premières classes, sans compter le temps consacré aux mêmes sciences pendant une partie des visites et excursions de l'après-midi.

En ce qui me concerne, — et pour continuer à noter mes observations paternelles, — j'ai été très frappé des progrès que mon fils a faits, en deux ans, dans ces diverses sciences et de l'intérêt vraiment extraordinaire qu'il y prend.

Aux vacances, il apporte tout son outillage pour herboriser : boîte de botanique, loupe, presse et papier à presser, déplantoir, etc. Il parcourt avec ardeur la campagne, pour recueillir des espèces ou des variétés qui se trouvent plus rarement en Angleterre. Il les détermine, soit directement, soit en s'aidant d'une *Flore*, puis il les presse et les classe avec soin. En même temps, il initie ses jeunes sœurs à ce travail, auquel elles paraissent prendre également beaucoup de plaisir.

D'autre part, il recueillait quelques insectes rares pour des camarades qui l'en avaient prié.

En physique et en chimie, ce jeune garçon de treize ans a déjà acquis à l'École des notions pratiques qui excitent l'étonnement d'un de mes voisins de campagne, ingénieur des Arts et Manufactures. Grâce à ces ouvertures nombreuses sur le monde réel et vivant, on voit apparaître des aptitudes que l'enseignement actuel n'aurait pas révélées et qu'il aurait au contraire soigneusement étouffées.

Je veux simplement prouver par cet exemple

que des études de ce genre sont de nature non seulement à intéresser, mais même à passionner de jeunes enfants et que c'est une erreur profonde de les négliger ou de les ajourner piteusement jusqu'à la dernière année, à la veille de l'examen!

Nous n'avons plus à signaler que le *Dessin*, auquel on accorde plus d'importance que dans l'école actuelle. Il devient en effet ici un auxiliaire nécessaire des sciences dont nous venons de parler. Les enfants commencent, par exemple, à dessiner d'après nature des plantes et des animaux et à représenter les instruments qui servent aux expériences de physique, de chimie, etc.

II

Les diverses études que nous venons d'énumérer occupent surtout la matinée et une faible partie de l'après-midi. Le reste de l'après-midi est consacré, au dehors, à des *Travaux pratiques*, — qui sont le complément naturel des études théoriques du matin, — aux jeux et aux exercices physiques.

L'élève, en effet, ne doit pas seulement apprendre dans les livres, il a aussi beaucoup à apprendre hors des livres. L'enseignement ne doit pas être seulement théorique, il doit également être pratique. L'enfant d'ailleurs ne peut être tenu enfermé pendant la plus grande partie de la journée, il a besoin, pour se développer, d'exercice et de plein air.

« Notre but, comme le dit parfaitement le programme de l'École d'Abbotsholme, est de développer l'éducation physique, le savoir et l'intérêt dans les occupations industrielles, l'énergie dans les entreprises et une appréciation exacte du travail accompli, soit qu'on ait plus tard à le faire soi-même, soit qu'on ait à le diriger. Beaucoup de défaillances dans la vie sont causées par la faiblesse physique; aussi les enfants doivent-ils faire, chaque jour, des exercices physiques et un travail manuel. On en sent le besoin pour donner de l'énergie à tout le corps et pour diminuer sa sensibilité, qui provient du surmenage intellectuel et de la vie trop sédentaire. »

Les enfants prennent d'ailleurs à ces travaux un plaisir très grand et y acquièrent une foule de connaissances variées; leur intelligence s'éveille, s'ouvre, s'étend; elle devient plus compréhensive.

Ainsi que l'indique le Tableau, les *Travaux pratiques* comprennent trois grandes divisions :

1° *Jardinage et Culture.*

Tout homme instruit doit avoir des notions, au moins élémentaires, sur la vie des plantes et des animaux domestiques.

Cela lui est nécessaire, soit qu'il doive plus tard s'occuper lui-même d'une exploitation rurale, soit qu'il ait seulement à surveiller la bonne administration d'une fortune en partie agricole. Ces notions sont utiles également à ceux qui se destinent aux professions libérales : nos lettrés sont vraiment trop ignorants des choses les plus élémentaires de la vie rurale et on le voit trop, lorsqu'ils sont obligés d'en parler ou d'écrire sur ce sujet. Les hommes politiques, les fonctionnaires doivent de même avoir des vues exactes sur les grands intérêts agricoles, qu'ils compromettent si souvent par une ignorance inexcusable.

La nouvelle école, l' « École des Roches », installée au milieu d'un domaine de vingt-trois hectares, comprenant des terrains variés et des cultures diverses, est admirablement située pour initier les enfants à ces travaux du jardinage et de culture. Ils seront entrepris sous la direction d'un professeur qui est en même temps un praticien.

2° *Travail du bois et du fer.*

Ce travail n'a évidemment pas pour but de faire des menuisiers ou des forgerons, mais de développer chez l'enfant l'habileté, la dextérité de la main, afin qu'il sache, dans n'importe quelle occurrence et pour n'importe quel objet, se servir utilement de ce merveilleux instrument qu'est la main. C'est là en outre un exercice essentiellement sain et fortifiant, parce qu'il exige une certaine dépense de force corporelle. De plus, la résistance qu'opposent ces deux corps développe, chez l'enfant, l'habitude de la patience et de la persévérance dans l'œuvre entreprise. Enfin, le bois et le fer, qui représentent les deux matières les plus communément employées par l'homme pour une foule d'usages, se prêtent à des façons et à des adaptations diverses très propres à développer le goût et l'aptitude artistique.

Un grand hangar situé dans les communs de l'École des Roches sera aménagé pour le travail du bois.

Le travail du fer sera enseigné dans une petite fonderie située dans le voisinage de l'École et sous la direction d'un ingénieur des arts et manufactures, qui professera également la mécanique, la physique et la chimie. Ainsi, cet enseignement présentera un caractère à la fois théorique et pratique.

3° *Visites de fermes et d'usines; collections de minéraux, de plantes et d'animaux; arpentage, levés de plans*, etc.

Cette partie de l'enseignement a une grande importance pour mettre l'enfant en contact direct avec les diverses manifestations de la vie réelle.

La région où est située l'École des Roches se prête tout particulièrement à cet objet, car elle est en même temps agricole et industrielle.

Au point de vue des visites agricoles, elle est placée aux confins de la Normandie où dominent la culture herbagère et l'élevage, et de la Beauce où domine la culture céréale. De plus, les nombreuses forêts éparses çà et là offrent un excellent moyen d'étudier l'exploitation forestière.

Au point de vue des visites industrielles,

cette région est également favorisée. Sur la plupart des cours d'eau, se succèdent des usines établies en pleine campagne et employant concurremment des moteurs hydrauliques et des moteurs à vapeur. On peut donc y faire, au point de vue mécanique, des observations variées.

Les observations à faire ne sont pas moins variées au point de vue de la fabrication.

Sur une seule rivière, l'Iton, dont un des bras entoure la ville voisine de Verneuil, on rencontre les usines suivantes : soixante-quinze moulins à blé, un moulin à tan, quatre scieries à bois, deux forges, trois tanneries, une fonderie de fonte et de cuivre, une fonderie de fonte malléable, un laminage de métaux, deux tréfileries, une clouterie, quatre fabriques d'objets de quincaillerie, deux fabriques d'épingles et de pointes fines, une fabrique de boucles, une fabrique de casseroles, une fabrique de roulettes de cuivre, trois ateliers de constructions, plusieurs polissoirs, cinq frotteries, deux filatures de coton, deux filatures de laines grasses, une fabrique de feutre, huit foulons, une teinturerie, une papeterie, une fabrique de moutarde, trois machines élévatoires, un atelier de production d'éclairage électrique, etc.

Cette région rassemble donc, sur un espace circonscrit, une grande variété de fabrications, qui seront, pour les élèves, comme autant de leçons de choses.

En organisant la visite méthodique de quelques-unes de ces usines, on pourra leur faire suivre les transformations successives auxquelles sont soumises les productions minérales, végétales ou animales, c'est-à-dire les matières premières mises à la disposition de l'homme par la nature. Est-il une étude plus nécessaire, plus instructive et plus capable d'intéresser même de jeunes enfants? Ce qu'ils auront appris ainsi ne s'effacera jamais de leur mémoire; et cette vue des choses pourra révéler de bonne heure des aptitudes qui, sans cela, seraient demeurées latentes, ou auraient été étouffées.

On profitera, en outre, de ces excursions à travers la campagne pour recueillir des minéraux, des plantes ou des animaux; ces collections formées et mises en ordre par chaque élève compléteront, de la manière la plus pratique, les leçons de géologie, de botanique et d'histoire naturelle.

Les travaux d'arpentage et de levés de plans faits sur le terrain formeront également le com-

ABBOTSHOLME. — LES BATEAUX DE L'ÉCOLE.

plément des leçons de calcul, de géométrie et de dessin, les graveront plus profondément dans la mémoire et en feront mieux comprendre l'utilité.

Le reste de l'après-midi sera consacré aux jeux et aux exercices physiques, notamment au moyen du foot-ball en hiver, du cricket et du tennis en été; de la bicyclette et du canotage en toutes saisons.

La rivière l'Iton, dont nous venons de parler et qui coule dans le voisinage de l'École, peut en effet être parcourue sans danger par des embarcations à faible tirant d'eau sur une longueur d'environ dix kilomètres. L'exercice du canotage, qui développe surtout les bras et la poitrine, viendra compléter heureusement l'action des exercices qui ont surtout pour effet de développer les jambes. La petite flottille de l'École sera donc aussi utile qu'agréable.

Ainsi la variété des études, substituée à l'unique, fastidieuse et mal comprise étude du latin, aura pour effet de donner l'essor à toutes les facultés de l'intelligence; et la variété des exercices physiques aura pour effet de développer toutes les parties du corps.

Une éducation bien entendue ne doit négliger ni l'esprit ni le corps, car ces deux éléments sont inséparables dans l'homme, et l'homme doit être également maître de l'un et de l'autre. Il ne faut sacrifier ni l'esprit au corps, ni le corps à l'esprit, mais établir autant que possible entre les deux un juste et bel équilibre.

L'École doit développer à la fois, chez l'enfant, la largeur de l'intelligence et la largeur de la poitrine.

La matinée ayant été consacrée entièrement aux études classiques, l'après-midi en grande partie aux travaux pratiques, il nous reste à indiquer l'emploi de la soirée.

Elle est réservée, ainsi que l'indique le Tableau, aux *Occupations artistiques et aux récréations de société;* il s'agit ici de former l'homme sociable, « l'homme du monde », de le dégager de notre triste et gauche collégien.

Je cite encore à ce sujet un passage caractéristique du programme de l'École d'Abbotsholme : « Notre but est d'habituer nos jeunes gens à n'être ni gauches ni timides, et à se plaire dans la société des personnes plus âgées. Aussi, chaque soir, se réunissent-ils au salon, où ils se rencontrent avec les dames de l'École et les étrangers qui viennent nous visiter. La pièce dans laquelle se passent ainsi les soirées a été arrangée pour donner l'impression du bonheur et de l'harmonie : les meubles, les dessins, les statues ont été choisis dans ce but. »

Suivant les jours, ces soirées seront consacrées à des lectures de morceaux choisis, à des récitations ou à des représentations, à la sculpture sur bois ou au modelage, à la danse, à des conférences avec projections.

La soirée du dimanche sera réservée à une conférence morale et religieuse. Pénétrons-nous bien de cette vérité, que la religion tient la grande place dans la vie et que la vie doit en être saturée. Nous ne présenterons pas la religion aux enfants comme si elle était une partie de la vie, mais comme un tout organique et harmonieux qui doit pénétrer l'individu tout entier et diriger tous ses actes.

Ainsi l'École s'efforcera d'aider utilement et de continuer l'action des ministres du culte auxquels les enfants seront confiés pour l'instruction religieuse.

Essayons maintenant de nous représenter un de ces enfants, au moment où il est arrivé à la fin de la quatrième, c'est-à-dire de la der-

ABBOTSHOLME. — ÉLÈVES CONSTRUISANT UN PIGEONNIER.

nière classe de la section générale :

Il parle réellement trois langues vivantes : le français, l'anglais et l'allemand.

Il a consacré à la géographie et à l'histoire plus de temps qu'on ne le fait dans l'enseignement actuel et suivant une méthode qui montre mieux la relation des phénomènes.

En ce qui concerne les sciences naturelles, physiques et chimiques, que nos programmes ignorent complètement avant la classe de philosophie, il a des connaissances très étendues et pratiques.

Il a en outre des notions de jardinage et de culture; il a été initié au travail du bois et du fer; il est développé physiquement par la vie en plein air et par la pratique d'exercices divers; enfin il a l'esprit ouvert à l'art, à la musique, à la vie de société, grâce aux occupations indiquées pour les soirées.

Sous l'influence de cette éducation variée, les aptitudes latentes chez cet enfant de douze à treize ans ont pu se manifester soit dans un sens, soit dans un autre, puisqu'on a éveillé en lui toutes les curiosités intellectuelles. On ne l'a pas confiné dans la traduction pénible et peu développante d'un texte latin ou grec. On lui a au contraire ouvert des percées sur toutes les avenues de la science et de la vie ; il peut donc choisir — ou ses parents peuvent choisir — en connaissance de cause entre ces différentes avenues.

III

Il y en a quatre principales : les Lettres, les Sciences, l'Agriculture et la Colonisation, l'Industrie et le Commerce.

Elles forment les subdivisions de la *section spéciale,* qui comprend les trois dernières années.

Le Tableau rend suffisamment compte de la distribution du temps et des matières, dans chacune des subdivisions de cette section.

Dans la section des Lettres, qui comprend les élèves qui se destinent au baccalauréat ès lettres, l'étude qui prédomine, pendant ces trois années, et qui absorbe le plus de temps, est celle du latin et du grec.

Nous avons expliqué, plus haut, avec tous les détails nécessaires, la méthode qui sera suivie pour cet enseignement. Au procédé long et peu pratique de la traduction au moyen du dictionnaire, on substitue des lectures étendues faites à l'aide de la traduction placée en regard. La grammaire ne sera étudiée qu'à propos des difficultés soulevées par le texte, au lieu d'être étudiée à part. Elle est placée après comme une aide et non devant comme un obstacle.

Cette manière d'apprendre la grammaire n'est pas une nouveauté ; elle a fait ses preuves. J'ai pu en observer les procédés et les résultats, pour le français, dans l'éducation de deux jeunes filles qui suivent, par correspondance, le cours très réputé de Mme Raffy.

Dans ce cours, les élèves n'apprennent les règles de la grammaire qu'à mesure qu'elles ont à en faire des applications dans des exercices gradués. Les élèves arrivent ainsi à les retenir plus rapidement et sans difficulté. Si on les met en concurrence avec celles qui suivent la traditionnelle méthode, elles font beaucoup moins de fautes.

J'ai entendu discuter cette question par deux mères de famille qui dirigent elles-mêmes l'instruction de leurs filles, mais en suivant chacune un de ces deux systèmes. Elles tombèrent d'accord, en vertu de leur expérience contradictoire, de la supériorité de la méthode que nous préconisons.

Je soumets d'ailleurs à mes lecteurs une double constatation que chacun peut vérifier.

En premier lieu, qu'ils veuillent bien se souvenir du temps très long qu'ils ont consacré à l'étude aride de la grammaire et du peu de profit qu'ils en ont retiré. C'est surtout par la lecture, par la pratique et par l'usage, que nous avons appris et que nous appliquons les règles de la grammaire.

Voici la seconde constatation, qui n'est pas moins décisive :

Les époques où pullulent les grammairiens et les rhéteurs viennent toujours après les grands siècles littéraires; elles ne les précèdent jamais. Ce n'est donc pas par la grammaire que se sont formés les grands écrivains. Les grammairiens peuvent bien les disséquer, ils sont impuissants à les créer.

Pour initier plus rapidement et plus complètement à l'étude du latin, on a pris le parti, dans l'École d'Abbotsholme, d'habituer les enfants à avoir entre eux des conversations faciles dans cette langue. C'est une tentative intéressante pour se rapprocher des méthodes que l'on suivait autrefois, à l'époque où on arrivait à apprendre réellement le latin; c'est en même temps un effort pour appliquer la méthode naturelle, qui est la plus efficace.

Un professeur allemand, le Dr Lietz, qui a enseigné pendant un an à Abbotsholme, rend compte en ces termes de l'application de cette méthode dont il a été témoin :

Les élèves avaient assisté, le matin même, à une course, et ils engagent sur ce sujet le dialogue suivant :

« Prima luce tintinnabulum sonat. E cubiculis eximus. Omnes, ordine, ante portam stant. Luna etiam nunc lucet. Sed sol jam oritur. Lunæ solisque radios spectamus. Tota cohors numeratur. Tres ex pueris tardi sunt. Hi igitur pœnam dant. Tunc, signo dato, iter facimus. Sexcentos passus celeriter currimus. Deinde eodem revertimur.

— Nonne currere amas?

— Currere amo. Quid tu censes?

— Equidem dormire malo.

— At hic cursus corpus sanum facit. Nonne corpus sanum habere vis?

— Hoc maxime volo.

— Itaque quotidie curras, sic enim mentem sanam in corpore sano habebis ».

A l'École de Bedales, on a pu constater les

bons résultats de ce type nouveau d'école au point de vue des études.

« La bourse obtenue à l'Université de Cambridge par un de nos élèves, Hoffmann, écrit le Directeur, nous a donné la preuve que notre manière de vivre, notre plan d'éducation, avec ses classes courtes et ses occupations variées, ne sont pas une théorie chimérique, mais donnent les meilleurs résultats. Nous pouvons lutter avec les plus fortes écoles.

« Ce fait est en outre établi par l'examen annuel que vient de faire passer un représentant de l'Université d'Oxford. Cet examen a démontré que Bedales n'est pas seulement une école où on apprend à très bien cultiver et à jouer le football, mais où les méthodes d'instruction et le plan d'éducation sont excellents.

« Le dernier examen a été fait par M. Carter, membre de « *Lincoln College* » à Oxford. M. Carter a été frappé de l'intelligence des réponses, spécialement dans la seconde et la troisième classes. Son rapport se termine ainsi : « Je considère les résultats de l'examen comme étant tout à fait supérieurs. Autant que je peux m'en rendre compte, les élèves reçoivent une très bonne éducation générale. Leurs réponses montrent qu'ils sont habitués à exercer leur intelligence et à prendre intérêt à beaucoup de sujets très variés. La jeune classe surtout semble offrir les plus belles promesses pour l'avenir. »

Si nous essayons maintenant de nous rendre compte de l'état de préparation d'un élève, au moment où il va se présenter au baccalauréat ès lettres, nous pouvons l'établir ainsi :

Il parlera et possédera, encore mieux qu'à la fin de la première période, deux langues étrangères, ce qui lui donnera, pour l'examen, un avantage incontestable sur les élèves de l'enseignement actuel, qui se bornent à traduire péniblement une seule langue.

Il aura un avantage non moins incontestable pour l'histoire naturelle, la physique et la chimie, puisqu'au lieu de quelques notions superficielles acquises seulement en philosophie, il en aura fait une étude constante depuis la sixième, à la fois théoriquement et pratiquement.

En géographie et en histoire, il n'aura pas appris une série de noms et de faits sans liens les uns avec les autres; mais, ainsi que nous l'exposons plus haut, il connaîtra leurs rapports soit entre eux, soit avec la vie sociale. Ces notions, non plus éparses, mais classées méthodiquement, auront été plus facilement assimilées et retenues. Cet ordre et cette concordance assureront de meilleures conditions de succès.

L'élève aura consacré aux mathématiques, au français et au dessin, au moins autant de temps effectif que dans l'enseignement actuel.

Il est vrai qu'il n'aura étudié le latin et le grec que pendant trois ou quatre ans au lieu de six ou sept. Mais il les aura étudiés d'après une méthode plus rapide, plus pratique et plus efficace, d'après la seule méthode qui ait jamais donné des résultats. Et comme on s'accorde à reconnaître que les candidats actuels ne savent pas les langues anciennes, il n'aura pas beaucoup de peine à en savoir au moins autant.

Nous affirmons donc, avec la confiance que donne l'expérience acquise, que, même pour la préparation au baccalauréat ès lettres, le programme de l'École nouvelle est supérieur au programme de l'école actuelle.

Et puis, l'homme qui nous délivrera du baccalauréat va peut-être surgir demain. Les voies sont préparées. M. Lavisse nous l'annonce.

Ce jour-là, l'enseignement et l'éducation seront délivrés d'une lourde entrave et auront remporté une grande victoire.

Je n'ai pas besoin d'insister sur la supériorité de ce programme en ce qui concerne les trois dernières sections : Sciences, Agriculture et Colonisation, Industrie et Commerce.

Ici, la supériorité éclate immédiatement à tous les yeux. Dès la sixième et sans interruption, les élèves sont initiés à ces diverses connaissances qui, actuellement, ne sont abordées que très tard, après le baccalauréat ès lettres, seulement pendant un an ou deux et d'une façon purement théorique.

Ils pourront donc se présenter à ces différents examens avec des connaissances approfondies; assimilées depuis longtemps et non hâtivement absorbées durant une courte période d'école préparatoire

Mais, qu'ils se présentent à un examen ou qu'ils entreprennent immédiatement une profession, ces jeunes gens seront — qui oserait le contester? — admirablement préparés à la vie. Ils auront la santé, ce trésor que notre éducation gaspille d'une façon si coupable, l'énergie, l'endurance et la maîtrise d'eux-mêmes, l'aptitude à entreprendre, à poursuivre et à faire triompher les choses ; ils auront, en outre, l'aptitude à conduire les hommes, parce qu'ils auront appris à se conduire eux-mêmes et qu'ils seront vraiment des hommes.

Cette grande entreprise, que des pères de familles tentent avec les seules forces de l'initiative privée, nous la mettons sous la protection de Dieu. Nous le prions de nous soutenir, parce que nous travaillons pour sauver nos enfants; parce que nous sommes des « hommes de bonne volonté »; parce qu'il est écrit : « Aide-toi, le Ciel t'aidera ».

CHAPITRE VII

LA VIE DE L'ÉCOLE NOUVELLE DÉCRITE PAR LES ÉLÈVES.

Pour rendre plus saisissant et pour illustrer, en quelque sorte, le programme que nous venons d'exposer, nous allons reproduire de larges extraits du « *Bedales Record* ». Cette publication périodique, qui relate les faits intéressants de la vie de l'École de Bedales, est rédigée par les professeurs et, surtout, par les élèves eux-mêmes. Elle nous permettra de saisir sur le vif et dans tous ses détails le mécanisme, le fonctionnement de cette éducation si différente de la nôtre. Ainsi, nous aurons mieux la sensation de la réalité des choses qu'aucune analyse ne peut remplacer.

J'attire particulièrement l'attention du lecteur sur trois points :

D'abord, la variété des études et des travaux, si utile pour éviter la fatigue chez l'enfant, pour éveiller son esprit et déterminer son orientation future.

Ensuite, l'entrain extraordinaire avec lequel ces études et ces travaux sont exécutés, ce qui est la meilleure justification de la méthode suivie.

Enfin, la liberté laissée aux élèves de choisir, entre ces divers travaux, ceux qui les intéressent le plus, ou qu'ils pensent devoir leur être le plus utiles. Ils font ainsi, dès l'École, l'apprentissage de la liberté et de la responsabilité.

Mais avant de placer sous les yeux du lecteur le tableau de cette vie scolaire, il est utile d'en tracer le cadre. Voici donc l'horaire de l'École de Bedales :

7 heures. — Lever.

7 h. 20. — Petite course au dehors pour faire la réaction après le tub.

7 h. 30. — Déjeuner (repas complet).

8 h. 30 à 10 h. 20. — 1re et 2e classes. Repos et lunch.

10 h. 30 à 12 h. 20. — 3e et 4e classes.

12 h. 20 à 1 heure. — Exercices gymnastiques (en été, bains).

1 heure. — Dîner.

2 heures à 5 h. 30. — Menuiserie, dessin, jeux, jardinage, travail de la ferme, etc.

5 h. 30. — Souper.

6 heures à 7 h. — 5e classe (en été, exercice et étude du cricket, etc.).

7 heures à 7 h. 30. — Classe de chant.

7 h. 30 à 8 h. 30. — Musique, conférences, lectures, modelage, sculpture, etc. (en été, classe).

8 h. 30. — Léger repas, prière et coucher. Les plus jeunes enfants vont se coucher plus tôt.

L'École de Bedales comprend actuellement soixante élèves, ce qui est le chiffre maximum qu'elle puisse contenir.

Nous suivrons le *Record* de l'année dernière, car, au moment où nous écrivons ces lignes, celui de l'année courante ne nous est pas encore parvenu.

La livraison s'ouvre par un article du directeur, M. Badley, qui énumère brièvement les faits les plus notables de l'année. Nous en donnons seulement un extrait.

I. — LES FAITS NOTABLES DE L'ANNÉE.

« Ma partie spéciale, au commencement de chaque numéro de notre « *Record* », est de présenter un sommaire très court de tout ce qui est arrivé à l'École. On verra que notre entreprise grandit et progresse avec des alternatives de succès et d'insuccès qu'il faut également noter.

« Pendant le terme d'hiver, l'École n'a pas seulement grandi comme nombre d'élèves, mais son niveau s'est élevé. Nous avons, par notre dernier succès à l'Université de Cambridge, acquis la preuve que notre manière de vivre, notre plan d'éducation, avec ses classes courtes et ses occupations variées, ne sont pas une théorie, mais que les résultats sont excellents; nous pouvons lutter avec les plus fortes écoles. Le rapport de l'examinateur de l'Université l'a démontré. Bedales n'est pas seulement une école où on apprend à très bien cultiver et à jouer le football, mais nous avons l'assurance de l'excellence des méthodes d'instruction et du plan d'éducation,

« Voyons en quelques mots les différents aspects de la vie de l'école depuis le retour des élèves. Nous parlerons d'abord de ce qui s'est passé pendant le terme d'hiver.

« Le terme d'hiver est le meilleur pour les études scolaires et de bons travaux ont été faits. Un de nos meilleurs élèves a obtenu une bourse à l'Université de Cambridge après avoir passé de brillants examens.

« A la fin du terme, l'examen annuel a été fait par M. Carter, membre de « *Lincoln Collège* » à Oxford. L'examen a révélé des progrès sensibles et généraux sur l'année précédente. M. Carter a été frappé de l'intelligence des réponses obtenues, spécialement dans la seconde et la tro sième classes et il l'a noté dans son rapport. (Nous avons reproduit dans le chapitre précédent les termes de ce rapport très élogieux.

« A la fin du terme, nous avons eu notre grande représentation de tragédie, qui est un événement annuel à Bedales. Cette année, nous avons joué « *Henri V* » de Shakespeare. Les rôles ont été remplis par les élèves, et les décors peints par M. Grubb, un de nos professeurs. Les costumes ont été faits presque tous à Bedales. Parents et amis du voisinage ont été invités. Le Hall était rempli de monde et nous avons été soutenus par l'enthousiasme général.

« Beaucoup de travaux divers ont été faits en menuiserie, cet hiver. Le retour de Parker, un ancien élève, nous a permis de travailler davantage ; il nous a aidés à enseigner les élèves avec

M. Gater, et beaucoup d'objets pour l'École ont été fabriqués.

« La musique a fait aussi de grands progrès. L'orchestre, qui a été organisé au printemps dernier, tient maintenant une place importante et nous rend de grands services pour les réunions du dimanche et les concerts du mercredi. Les études musicales ont eu pour but l'exécution d'une symphonie d'Haydn, qui a été jouée au dernier concert.

« Les récitations ont été bien accueillies par le Comité composé d'élèves et par les auditeurs ; c'est un bon exercice pour nos acteurs présents et futurs. Tous les samedis, nous avons eu nos conférences sur des sujets variés avec projections.

« La saison a été un véritable succès pour le football et a marqué un grand progrès pour les jeux de l'École.

« De nouvelles équipes ont pris part aux matchs et nous pouvons être fiers du record de notre saison : sur 16 matchs, 13 ont été gagnés et 2 indécis.

« J'arrive maintenant à la période de printemps.

« Ce terme a été excellent. Nous avons commencé à habiter notre nouvelle dépendance établie à Lyoth, et, au commencement du terme, nous avons encore eu beaucoup à faire pour y terminer les derniers travaux, pour la peindre et l'orner. La troisième classe a été chargée du jardin, et, sous la direction de M. Grubb, les élèves ont mis les choses en ordre. Maintenant Lyoth est une habitation tout à fait agréable.

« A la ferme de Scaynes' Hill, nous avons travaillé aux foins. La saison était en retard, mais la récolte était belle et dépassait celle de l'année dernière. Jupp a encore aidé à traire les vaches et aux travaux de la ferme de Bedales. La laiterie a été confiée à Miss Lamb, qui, avec deux élèves, y allait pour baratter le beurre deux fois par semaine.

« Il y a eu beaucoup plus de cricket pendant ce terme, nous avons mieux joué et cela devrait être toujours ainsi. — Pour la première fois, nous avons joué nos matchs sur notre terrain de Bedales ; il n'est pas très grand, mais il est bien supérieur à notre ancien de Scaynes-Hill. Aussi, pour une autre année, il faudra préparer un meilleur terrain pour nous exercer.

« Toutes les difficultés pour le nettoiement du bassin de natation ayant été aplanies, un grand nombre d'entre nous ont appris à nager : il n'y en a eu que trois ou quatre qui n'ont pas

BEDALES. — LE COTTAGE ANNEXE DE LYOTH.

réussi. Les plongeurs ont fait aussi beaucoup de progrès; un radeau a été fait et a ajouté à l'amusement. Une course à la nage a eu lieu la semaine dernière.

« La belle saison est le moment le plus propice pour les collections d'histoire naturelle et les travaux ont été excellents. L'histoire naturelle a été traitée d'une façon beaucoup plus importante que l'année dernière, et elle a été beaucoup plus variée. On a donné une grande impulsion à la botanique et on s'en est aperçu aux collections de plantes pressées.

« Le travail intellectuel du terme a suivi la marche régulière habituelle. En juin, Hoffmann a passé l'agrégation de Londres et a passé en première division; Potter a passé l'examen d'entrée pour Malvern, où il ira au prochain terme.

« Nous devons constater que l'on a fait, pendant cette période, de très grands progrès pour le dessin.

« A la fin du terme, nous avons eu une véritable invasion de visiteurs français, allemands, russes, etc.; à un certain moment, c'était vraiment la confusion des langues. Nous aurions vivement désiré que nos visiteurs pussent rester plus longtemps avec nous.

« Bientôt nous serons séparés et plusieurs ne reviendront pas parmi nous. Nous leur souhaitons le succès et le bonheur, avec le désir de les revoir à Bedales à titre d'anciens pour la Christmas. »

J. H. BADLEY.

II. — LES ÉTUDES CLASSIQUES.

Les résultats obtenus au point de vue des études sont constatés plus haut par les succès remportés aux examens de l'Université de Cambridge, par les notes données par l'examinateur de l'Université d'Oxford et par les détails si explicites que nous avons exposés précédemment sur la méthode et le programme des diverses classes. Il nous suffira donc, pour ne pas nous répéter, d'ajouter seulement quelques indications supplémentaires.

Le « *Bedales Record* » publie une série d'études scientifiques, ou littéraires, rédigées par les élèves sur des sujets variés.

Je note : Une « description des familles de plantes et d'arbres » ; une description du « chardon » ; une autre de « la rose » ; une étude sur les « orchidées » ; les aventures d'un morceau de charbon » ; une histoire intitulée « Robin

Hood »; une étude sur « John Bunyan »; une histoire extraordinaire donnée comme exercice de style pour servir de commentaire à six gravures dessinées par un élève; le récit d'un « fait de guerre »; « une nuit dans le royaume des momies », historiette comique.

Plusieurs élèves racontent des épisodes de leurs dernières vacances : « Une visite à l'île d'Arran »; De Rothesay à Arran »; « L'abbaye de Dale, près de Nottingham »; une « Excursion à Rye et à Winchelsea »; une promenade à Bantham, dans le Devonshire »; deux récits relatifs au jubilé de la reine. »

Incontestablement, ces récits de choses vues sont de meilleurs exercices de style et sont plus propres à développer l'imagination et l'esprit d'observation que le vague et éternel discours d'un général romain ou athénien à des troupes plus ou moins problématiques.

Un autre élève fait le récit de « la grande représentation tragique et littéraire donnée à Bedales »; le texte est accompagné d'illustrations dessinées par un de ses camarades et le tout est d'une fantaisie réjouissante.

Le *Record* publie également des « Notes extraites des cahiers de science des élèves ». Il y en a sur « l'eau fraîche » ; sur « la circulation du sang » ; sur « les différences entre une veine et une artère ; sur les articulations principales du corps humain ; sur « l'anatomie du cœur du mouton ». Cette dernière étude a été faite d'après nature, au moment où l'on venait de tuer un mouton de la ferme.

Quelques élèves sont désignés pour rédiger un résumé des travaux faits, pendant l'année, dans telle ou telle classe.

Celui qui a été chargé de l'*Archéologie* écrit :

« Marsh a fait une collection de cinq moulages pris sur des bronzes anciens intéressants accompagnés d'inscriptions (suit une description de ces bronzes). Nous sommes heureux de voir progresser l'archéologie et nous espérons que l'année prochaine nous aurons un journal contenant des études détaillées sur les églises visitées pendant les promenades archéologiques et qu'elles seront illustrées de vues et de photographies. Ce qui a été fait cette année est un bon début, il faut maintenant faire mieux encore et pour cela y travailler pendant l'année entière. »

Les divers travaux sur l'*Histoire naturelle* sont exposés en ces termes :

« Je suis très content d'avoir été chargé du rapport sur l'histoire naturelle et sur les progrès qui ont été faits. Une mention spéciale doit être accordée aux travaux de botanique et aux classements d'insectes dans leurs positions naturelles. Cela vaut mieux que de les entasser dans une boîte. Il a même été décidé de récompenser spécialement Lupton, Pollock et Marsh.

« *Entomologie.* — Parmi les collections ordinaires nous citerons celle de Crompton. Elle comprend quatre grandes boîtes. Les spécimens sont bien conservés et arrangés. Une boîte contient des libellules et des coléoptères. Cela mérite d'être signalé parce qu'un élève fait plus de progrès en collectionnant toutes sortes d'insectes qu'en se confinant, comme on le fait habituellement, dans les seuls lépidoptères. Une autre innovation importante est une liste montrant combien de spécimens ont été obtenus dans l'année et combien les années précédentes.

« Brooke et Barran ont fait de petites collections d'à peu près vingt-cinq spécimens chaque. Matthews a aussi commencé avec une collection de dix spécimens. Le travail de Lupton et de

Pollock a déjà été mentionné. L'intérieur de leurs boîtes est arrangé de manière à représenter une haie ou autre chose de ce genre avec des feuilles et de l'herbe dans lesquels il y a des papillons, des larves, des chrysalides et toutes sortes d'insectes. Cela est un grand progrès sur la méthode ordinaire d'arranger les insectes et j'espère que, l'année prochaine, on pourra citer encore plus de travaux de ce genre.

« Il y a plusieurs manières excellentes de préparer ces boîtes; elles peuvent être plus grandes, et on peut disposer les oiseaux, les insectes, etc., dans leur position naturelle : ainsi une larve sera placée sur une feuille comme Lupton l'a fait avec succès dans deux cases. Un essai devrait être tenté pour représenter un insecte dans les différentes étapes de sa vie et dans toutes ses formes et positions : les œufs, la larve, la chrysalide et l'insecte arrivé à sa dernière métamorphose et volant seraient placés chacun à la suite dans une case. On disposerait un insecte de couleur claire après un autre de couleur sombre, les ailes étendues, et d'autres façons.

« Tout ceci demande à être soigneusement

étudié à l'aide de la nature et des livres et ne doit donner aucune peine à exécuter. Les ornithologistes devraient faire la même chose, en s'inspirant d'abord de ce qu'ils pourraient observer dans un musée. La collection de l'École a beaucoup augmenté et comprend actuellement plus de 190 spécimens. Si nous tenons compte de ce que cette année le temps n'a pas été favorable, nous devons reconnaître que les collections sont en progrès.

« *Ornithologie.* — Vincent et Guittins ont une collection d'œufs d'oiseaux de 51 spécimens. Celle de Marsh comprend actuellement 16 œufs.

« *Botanique.* — La meilleure collection est celle de Guilfort. Elle consiste dans plus de 150 spécimens bien séchés, proprement fixés, et avec une liste des plantes, ce qui est un point important; cette collection a été doublée cette année. La collection de Tilden est plus importante que celle de Guilford, mais elle n'a pas autant progressé depuis l'année dernière. Il devrait écrire soigneusement les noms à l'encre au lieu de les mettre simplement au crayon. La collection de Demolins est une excellente première tentative; il a réuni plus de 50 spécimens, très soigneusement arrangés avec les noms proprement écrits; beaucoup de ces plantes ont même conservé leur relief. Green, Barrington et Swanwick ont commencé également; la meilleure des trois collections est celle de Green, avec 23 spécimens. Mon avis est que les botanistes ne doivent pas se décourager quand leur collection n'est pas aussi nombreuse que celle des autres. Quand une collection est doublée dans l'année, elle fait plus que de doubler d'intérêt.

« Cette année, on a établi une salle pour que les naturalistes puissent ranger leurs collections. M. Braithwaite, qui vint au commencement du terme, prit un grand intérêt à la botanique et a beaucoup aidé les collectionneurs à distinguer les plantes et à les presser, sans les endommager. Malheureusement, il a fallu qu'il s'en aille à la fin de mai; il a envoyé une boîte de fleurs du nord de l'Angleterre; il y avait plusieurs espèces nouvelles que nous ne connaissions que par les catalogues. Nous les avons en partie retrouvées dans les environs de Bedales; ainsi il a été trouvé huit espèces différentes d'orchidées, des espèces nouvelles de saxifrages, de primevères, etc. »

T. W. Grubb.

Un élève donne une seconde notice sur l'*Entomologie* pendant le terme de printemps :

« Nous avons eu huit entomologistes pendant ce terme ; les travaux n'ont pas été très poussés. Suivant l'usage, un congé a été offert à ceux qui réussiraient complètement leurs collections de fleurs et d'insectes. Quelques prix (1) ont été donnés pour les bonnes collections illustrant l'histoire de la vie des insectes. Grâce à l'amabilité de M. Gibbons, qui a mis à notre disposition une prairie près de Bedales, de nouveaux insectes ont été capturés ; et, depuis le demi-terme, nous avons pu aller chercher des insectes de nuit, une soirée par semaine. La collection de Bedales a été a peu près doublée, mais il n'y a pas eu de capture très rare ; beaucoup de chenilles et d'insectes rampants ont été trouvés pendant ce terme. »

G. H. Lupton.

Quelques élèves, ayant exprimé le désir d'apprendre à empailler des animaux, on leur en a

(1) Ces prix ne sont pas donnés au concours, c'est-à-dire à ceux qui font mieux que les autres, mais à ceux qui ont fait des progrès suffisants par rapport à ce qu'ils faisaient auparavant. Les élèves ne concourent donc pas avec les autres, mais avec eux-mêmes ; on ne leur demande pas de vaincre les autres, mais de se vaincre eux-mêmes, ce qui a une portée éduçative plus haute.

fourni les moyens : « Pendant le terme d'hiver, M. Hyder est venu trois fois par semaine donner des leçons d'empaillage. Winser, Barran, Demolins, Watson, Backhouse et Curling ont travaillé sous sa direction, et, avec lui, ont empaillé des geais, des belettes, et pas mal d'oiseaux : pendant le terme d'été, ils n'ont pas pu faire autant de travail parce que les animaux ne se gardaient pas à cause de la chaleur. »

WATSON et BACKHOUSE.

Les soins donnés au *Rucher* font également l'objet d'une notice spéciale :

« Pendant une grande partie du temps, nous ne nous sommes pas occupés des ruches; mais des rayons nous ayant paru bons à prendre dans d'excellentes conditions, nous avons récolté de trente à quarante livres de miel. La qualité en est tout à fait supérieure.

« Comme James, qui était chargé du soin des abeilles, avait quitté l'École, je demandai à M. Powell de le remplacer. Le premier incident dans les ruches fut un nouvel essaim qui se forma le 27 mai. La reine ayant été perdue, elles se séparèrent. Le premier essaim se précipita vers une nouvelle ruche, le second se réunit en face de la ruche, il y eut alors un petit essaim et un plus grand; ils restèrent calmes jusqu'au mercredi 2 juin. Après différents incidents, nous parvînmes avec M. Powell à les capturer et à les faire entrer dans des ruches qui avaient été fabriquées par Parker et Lupton. M. Powell fit encore différents changements dans les ruches; toutes vont très bien. »

R. L. MARSH.

On peut voir, dans la salle à manger de Bedales, une série de petits bocaux alignés et contenant chacun une fleur d'espèce distincte. Lorsque je demandai ce que cela signifiait, on me répondit que c'était *l'exposition des premières fleurs* découvertes par les élèves pendant leurs promenades. Ils arrivent ainsi à apprendre sans effort quelle est l'époque de la floraison des diverses plantes. Chacun se pique d'arriver le premier, et ce sport charmant excite un vif intérêt. Voici la note consacrée à ce sujet pour le terme d'hiver :

« La plupart des fleurs ont été trouvées par M. Grubb, Guilford et Vincent. Aucune plante rare n'a encore été découverte. Neuf des fleurs marquées sur le calendrier floral ont été trouvées; le coucou est venu de très bonne heure; il a été trouvé le 9 mars par M. Grubb, lorsqu'il était marqué sur le calendrier pour le 16.

« Voici la liste des fleurs trouvées, avec leur date d'observation.

Janvier	17	Primevère.
—	24	Noisetier.
—	31	Dent de lion.
—	—	Camomille.
—	—	Seneçon.
—	—	Fraisier.
—	—	Mercuriale vivace.
—	—	Mouron.
Février	3	Pervenche.
—	7	Véronique.
—	9	Oxlip.
—	14	Ortie rouge.
—	18	Petite chélidoine.
—	38	Pas d'âne.
—	—	Violette.
—	—	Cresson.
Mars	8	Anémone des bois.
—	9	Souci des marais.
—	—	Coucou.

III. — LE TRAVAIL MANUEL.

Nous savons que, d'après l'horaire de l'École, une partie de l'après-midi est consacrée au travail manuel en vue de développer l'habileté des mains, l'endurance dans le travail, l'habitude de l'effort physique, et les connaissances pratiques variées, si nécessaires dans la vie.

Parmi ces travaux, le plus utile et le plus important est la *Culture*. Celle du jardin, plus facile que celle de la ferme, est à la portée des plus jeunes enfants. Voici en quels termes un des élèves rend compte de ce qui a été fait pour ce travail.

« Dans le jardin d'agrément, pendant le terme d'hiver, toutes les plantes mortes ont été arrachées, les plates-bandes bêchées à fond, les bordures refaites; puis nous avons replanté des giroflées et des myosotis. La vigne a été recouverte de fumier pour la préserver de la gelée. Les chrysanthèmes ont été rentrées dès que la gelée est arrivée; aussi elles sont magnifiques et ont tenu ce qu'elles promettaient.

« Dans le jardin potager, nous avons enlevé et mis en garde les racines telles que : les betteraves, les panais, les carottes, les navets, etc.; elles ont été nettoyées et recouvertes à cause des gelées. Il n'y a pourtant pas eu beaucoup de gelées pendant ce terme. On a bêché et fumé

BEDALES. — TRAVAIL DE LA FERME : LA MOISSON.

les planches pour les semis de printemps. Quelques élèves ont bien travaillé, Gittins a fait le meilleur ouvrage. Au moment de la nouvelle année, est arrivée l'époque de la taille des arbres fruitiers; Bennett et Atkinson ont pris des leçons particulières et sont arrivés à bien connaître la taille de plusieurs arbres fruitiers et, en particulier, de la vigne. Dans les jardins particuliers des élèves, il y a eu peu d'ouvrage fait; seuls, Atkinson et Crompton ont bien préparé les leurs.

« Pendant le terme de printemps, il y a eu beaucoup à faire dans le jardin d'agrément. Bennett a eu des leçons pour apprendre à badigeonner la vigne, à diriger les plantes grimpantes. Toutes les plantes de serre chaude ont été réempotées. Un très bel assortiment de tomates a été soigné dans la serre et planté ensuite le long des murs. Un assortiment de bulbes envoyé d'Afrique par M. Garrett est arrivé en très bon état.

« Les plantes potagères annuelles ont bien levé; une meule de champignons a été préparée, ainsi qu'une planche de concombres. La première récolte a été composée de radis, de carottes et de laitues. Les élèves ont aidé à préparer la terre pour les semis, surtout Bennett et Atkinson. Les petits pois et les haricots verts sont levés, le reste du potager est bien préparé. Dans les jardins particuliers des élèves, il a été fait un peu plus de travail que pendant le dernier terme; si le temps est favorable ils pourront récolter quelques produits.

« Pendant l'été, les roses ont été ravissantes, soit qu'elles fussent grimpantes ou en massifs. La seconde floraison commence maintenant. Le gazon est d'un vert splendide, mais l'endroit où on joue le tennis est très fané. La vigne sur le mur a été examinée, tout le mauvais bois a été taillé et elle commence à fleurir. Les élèves ont aidé à ramasser les fruits, à Scaynes' Hill et à Lyoth; ils ont contribué à l'arrangement de ces deux jardins. Les jardins des élèves ont été mis en culture cette année; trois ou quatre des plus énergiques ont seuls obtenu des légumes; les jeunes enfants ont besoin d'être guidés dans leurs plantations. »

W. N.

Les élèves plus âgés s'occupent spécialement de la *Ferme*, dans la mesure où la culture les intéresse, soit pour leur goût actuel, soit pour la profession qu'ils comptent embrasser plus tard. Il est utile en effet de répéter que ce programme très large et très varié s'adapte avec aisance à la nature de chaque enfant et à ses projets d'avenir.

Voici la notice publiée sur la ferme par un des élèves :

« Les poules de la ferme de Bedales ont été d'un bon rapport; pendant les mois de septembre, octobre, novembre et décembre, vingt-huit poules ont pondu sept cents œufs. Les vaches n'étaient pas en lait, aussi on n'a pas pu du tout faire du beure et toute la provision a dû être achetée.

« A la ferme de Scaynes' Hill, les fermiers ont labouré fortement la terre pour les pommes de terre, mais il y a eu peu d'ouvrage fait par les élèves pendant le terme d'hiver. Au demi-terme, les vaches ont eu des veaux; à Bedales aussi la quantité de lait est devenue plus considérable à la fin du terme.

« La truie et les onze petits porcs vont très bien. Les poules, qui ne rapportaient plus que de un à quatre œufs par jour, sont revenues au nombre de douze à seize par jour pour vingt-trois

BEDALES. — LA NOUVELLE FERME DE SCAYNES' HILL.

poules. Quatre poules sont en train de couver, deux sur treize œufs et deux sur quinze œufs. Les œufs ont été pris dans les races Wyandottes et Leghorn. Les chevaux de Scaynes' Hill sont en bon état, ainsi que ceux de Bedales.

« Pendant l'été, la ferme de Scaynes' Hill a été en prospérité. Le blé et l'orge ont donné de belles récoltes. Il y a eu aussi d'excellentes cultures de légumes. La récolte du foin a été bonne et une petite prairie qui, l'année dernière, n'avait été pâturée que par trois génisses, sert cette année aux vaches de Bedales ; une d'elles est à l'engrais et les autres sont en lait. A Bedales, les vaches sont toutes en lait, les poulets engraissent et la truie élève sa portée de petits porcs. Smoker, la plus vieille vache de Bedales, a donné une bonne quantité de lait. Cherry, qui ne donnait rien en mai, a donné jusqu'à 30 quarts en juillet. Damsel est en bonne production pendant que Brindle et Brandy sont en décroissance. Les poules ont beaucoup pondu pendant ce terme ; pendant le mois d'avril elles ont donné 350 œufs, 419 en mai et 430 en juin. La seconde truie a mis bas neuf petits porcs. Les couvées ont donné une certaine quantité de coqs et de poulettes. La récolte du foin a été

BEDALES. — PENDANT LA FENAISON.

bonne et a été rentrée bien sèche, quoiqu'il y

ait eu un peu de pluie pendant les premières fauches. »

C. K. JUPP.

Une petite notice est consacrée aux *animaux* élevés spécialement par certains élèves.

« Le goût pour les souris blanches est passé ; les propriétaires s'en sont dégoûtés à cause de leur odeur et leur ont donné la liberté. Et maintenant il n'y a plus que Crompton, Atkinson et moi qui gardons des animaux à nous.

« Crompton a un coq et une poule Wyandotte à tête argentée et deux poules blanches Leghorn-Wyandotte. — J'ai un coq dont la race tient le milieu entre la race anglaise et la race indienne, et trois poules Wyandottes plus une autre poule. Mon coq est appelé Robinson Crusoé, parce qu'après sa bataille avec le coq de la ferme, il est sorti victorieux quoique couvert de coups, de sang, et le bout du bec cassé. Nous avons trois poules qui couvent; une qui appartient à Atkinson, une à Crompton et une à moi. Les leurs couvent très bien, mais la mienne est colère et maladroite et a déjà brisé cinq œufs en un jour. En réparation,

BEDALES. — ÉLÈVES FAISANT UNE MEULE.

elle a pondu plus d'œufs qu'elle n'en avait cassé, mais ils n'étaient pas fécondés et il a fallu les jeter. »

R. PARKER.

Une autre forme du travail manuel est la *Reliure* des livres, qui est très propre à développer le soin, la patience et une certaine aptitude artistique. C'est également une occupation facultative. Voici la notice consacrée à ce travail :

« La reliure a fait beaucoup de progrès. L'après-midi des vacances du demi-terme, M. Powell et plusieurs d'entre nous sont allés à Londres, pour visiter la librairie de M. Zaensdorff. Le patron était absent, mais son remplaçant nous montra les travaux depuis le commencement jusqu'à la fin et nous accompagna lui-même dans la librairie. Nous fûmes vivement intéressés. Il nous montra les ateliers où on cousait les pages; puis ceux où on enlevait les taches des livres au moyen de différents procédés. Ensuite nous vîmes faire les couvertures des livres depuis les plus simples jusqu'aux plus riches et nous avons vu obtenir les teintes et les couleurs les plus variées. La plupart des ouvriers sont allemands.

« Nous avons vu un jeune ouvrier, à peine âgé de vingt ans, qui terminait un livre magnifique d'une valeur de sept guinées. Après avoir pris des notes sur toutes les opérations successives, nous visitâmes le magasin, remarquable par le nombre des ouvrages et la richesse des reliures. Cette après-midi nous donna une haute idée de la librairie. Depuis ce jour, Hoffmann s'est appliqué à relier des livres et est devenu parmi nous le maître relieur; il a travaillé énormément et a fait de très bon ouvrage.

« Deux fois par semaine, la classe du soir est consacrée, pour certains élèves, à la reliure des livres. Parker jeune, Gittins, Lawford, Pollock et Mackenzie ont fait chacun un livre eux-mêmes. Pollock a fait le meilleur. Nous sommes en progrès dans cette branche. »

R. BENNETT.

La *Menuiserie* est très en faveur et la plupart des élèves s'y exercent avec un véritable entraînement.

« Dans la menuiserie, on a fabriqué beaucoup

d'objets pour l'École, et cela a fait faire des progrès sensibles aux élèves. La première classe fait une charrette à bras; les roues sont l'œuvre de Bennett. Lupton et Bennett ont encore fait des armoires à compartiments : Lupton pour y ranger ses outils et Bennett pour y mettre une collection de monnaies. Jupp, Lupton, Crompton, Herzfeld, Mackay et Vincent ont tous fait des boîtes plus ou moins bien. Hoffmann s'est fabriqué un casier de bibliothèque et Bennett a encore fait une brouette. Potter a établi un appareil pour faire le fromage à la crème et des rayons de bibliothèque. La seconde et la troisième classe ont fabriqué des boîtes avec des assemblages en queue d'aronde, qui ont été mieux faites que celles de la première classe. Signalons encore divers objets : armoires pour le laboratoire, coupe-papier, cadres de tableaux, tasseaux, etc...

« Au printemps, il y a eu plus de travaux faits que pendant le reste de l'année, la longueur des jours a permis aux élèves de profiter de tout leur temps libre; aussi y en avait-il qui travaillaient souvent avant le premier déjeuner du matin et qui revenaient le soir après le thé. Les objets ont généralement été fabriqués pour l'usage particulier de ceux qui les ont faits,

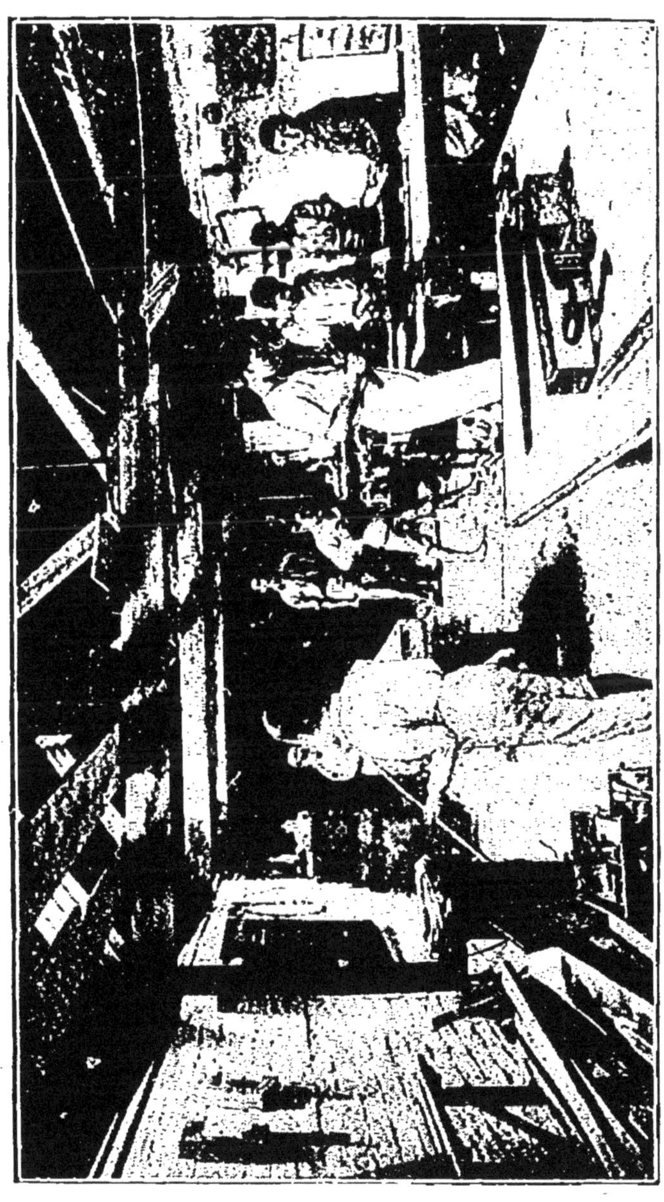

BEDALES. — LES ÉLÈVES A LA MENUISERIE.

souvent ce sont des boîtes pour des collections. En général, les élèves n'ont pas assez de soins de leurs outils et ne les rangent pas assez bien en quittant le travail; il y a cependant un progrès dans cette voie. Nous espérons que, le prochain terme, il y aura de nouveaux amateurs de menuiserie (on voit que l'on procède plus par entraînement que par contrainte; mais pour cela, il faut savoir d'abord entraîner les enfants). Les principaux objets fabriqués ont été trois armoires à compartiments par les élèves de la première classe; des boîtes, des casiers pour l'histoire naturelle, des rayons de bibliothèque, et d'autres encore. »

F. S. Parker.

La *Sculpture* n'a pas été négligée : « Durant le terme d'hiver, une quinzaine d'élèves ont sculpté sur bois pendant les soirées du lundi et du mardi, de sept heures et demie à huit heures, Pendant le terme du printemps, ils étaient vingt-trois; ils ont sculpté des blocs de bois, des cadres de tableaux, des coupe-papier, des boîtes, etc. »

R. H. Lupton jeune.

IV. — LES JEUX ET EXERCICES PHYSIQUES.

Les jeux et exercices physiques occupent un certain temps chaque après-midi, et surtout les après-midi du mercredi, du samedi et du dimanche, qui sont des « temps libres » ; les élèves peuvent les employer comme ils le veulent.

Le jeu d'hiver par excellence est le *Football*. Il est en progrès, ainsi que le constate la notice suivante :

« Cette saison de football a été pleine de succès pour nous. Non seulement notre première équipe n'a été battue qu'une fois, mais nous avons encore formé une seconde et une troisième équipes. Il est vrai qu'elles n'ont pas eu beaucoup de succès ; mais, quand la première équipe a commencé, il y a deux ans, elle n'en eut pas non plus. L'important est d'avoir commencé. L'exercice apportera de plus grands succès. Nous avons rarement rencontré des équipes capables de nous tenir tête ; si nous avions été plus souvent battus, cela aurait été meilleur pour nous, car nous avons toujours besoin de leçons. Mais nous pouvons être fiers de notre saison : sur 16 matchs, nous en avons gagné 13, deux n'ont pas donné de résultats; nous n'en avons perdu qu'un seul. Les points obtenus par l'École, en réunissant tous les matchs, sont de 83, et ceux obtenus par les autres équipes sont de 21 seulement. »

B.

Si le Football est, par excellence, le jeu d'hiver, le *Cricket*, moins échauffant, est, par excellence, le jeu d'été.

« Ce terme n'a pas été satisfaisant pour le cricket, quoiqu'il soit meilleur que l'année dernière. Jupp a fait des progrès pour le *batting*. R. Parker, Potter et Hoffmann ont un défaut : c'est qu'ils tournent la tête pendant qu'ils courent. Les équipes qui nous ont battus ont commis des fautes et, si nous avions fait plus attention, les résultats auraient été meilleurs. Atkinson est un de ceux qui arrêtent le mieux les balles, Gittins a fait des progrès pour le *bowling* (une des manières de lancer la balle); Scott et Vincent promettent d'être de bons joueurs. Nous avons formé une seconde équipe pendant ce trimestre. Plusieurs emplacements ont été arrangés au milieu d'un terrain roulé et

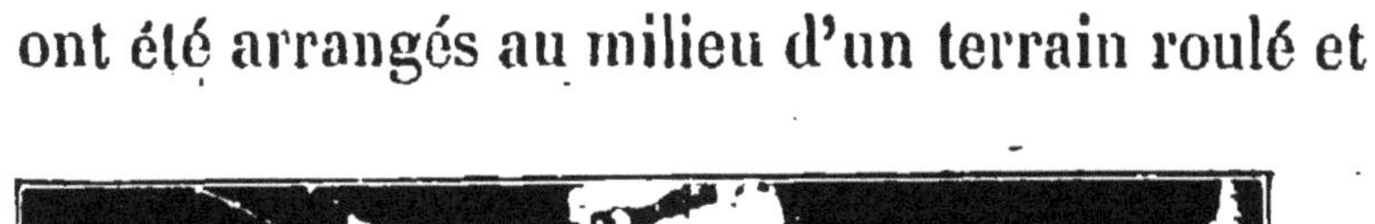

BEDALES. — A LA LEÇON DE GYMNASTIQUE.

tondu. Ce qui nous manque surtout, c'est un bon wick-keeper (qui arrête les balles). »

O. B. Powell.

Au sujet de la *Natation* nous lisons : « Le bassin de natation, ayant été en réparation, n'a pu être rempli que pour la seconde moitié du terme. Une demi-douzaine d'élèves ont appris à nager pendant ce terme, Barran et Lupton jeune ont été les plus brillants. Plusieurs autres peuvent faire deux fois la longueur du bassin, à la nage. Les courses à la nage ont été nombreuses et bien soutenues. Les meilleurs nageurs ont été Stanger, Atkinson, Maxime, Costia, Mackenzie, Pollock. »

R. C. ATKINSON.

Sur la *Gymnastique* : « Un professeur de gymnastique est venu, pendant les deux termes, deux fois par semaine; il nous a fait faire des haltères, des exercices avec des massues et plusieurs nouveaux mouvements. Il exerçait les plus jeunes élèves à part, afin de ne pas les exposer à imiter les exercices plus fatigants des plus âgés. »

F. S. PARKER.

Le *Patinage* a été contrarié par le temps, au grand regret des enfants. L'un d'eux écrit :

« Nous n'avons pu patiner que pendant peu de jours; d'abord la glace n'était pas assez ferme; à l'aide d'une pompe, nous l'avons arrosée à plusieurs reprises, ce qui, par la forte gelée, la solidifia rapidement et elle devint assez bonne. Mais la pluie étant survenue au bout de quelques jours, nous dûmes bientôt renoncer au patinage, à notre grand regret. »

G. P. Potter.

V. — LES PROMENADES ET EXCURSIONS.

A certains jours, les élèves peuvent consacrer une partie de l'après-midi à des promenades d'études qui sont une excellente occasion pour compléter et illustrer l'enseignement scolaire.

Le compte rendu suivant, fait par un des élèves, donne un résumé de diverses *Excursions archéologiques* qui ont été faites :

« Une conférence donnée le 6 février, sur l'archéologie, par notre professeur Mr Grubb, a éveillé chez plusieurs d'entre nous le désir d'étudier cette science plus en détail. (Voilà bien toujours le même procédé : éveiller d'abord l'intérêt de l'enfant.) Il a donc été décidé que *ceux qui le désiraient* (cela vaut mieux que la contrainte, mais, répétons-le, à condition qu'on ait d'abord « éveillé l'intérêt ») pouvaient, toutes les après-midi du dimanche, consacrer leur temps à visiter les vieilles églises des villes et villages du voisinage. Ces excursions se firent soit à pied soit à bicyclette, avec un professeur.

« La première expédition eut lieu le 14 février à l'église de Chailey... (suit une description de cette église).

« Le dimanche 21 février, nous allâmes à Horsted-Keynes examiner l'église, qui a subi des restaurations importantes, sur le côté sud, etc. (suit une description).

« Les deux dimanches suivants, 28 février et 7 mars, se passèrent à Fletching à visiter la magnifique église. La tour surtout est remarquable avec son beffroi normand, etc. (suit une description).

« Ce fut notre dernière excursion importante ; mais nous fîmes encore des visites à Cuckfield, Lindfield et Wivelsfield ; nous prîmes les vues les plus importantes et, avec les notes que nous avons recueillies dans toutes nos excursions, nous arrivâmes à nous faire une idée exacte du style normand.

« Nous espérons continuer ces intéressantes expéditions le prochain terme, les jours seront plus longs, plus beaux, nous pourrons aller plus loin dans le Sussex; il y a encore beaucoup de vieilles églises, bien curieuses à visiter. »

W. A. Hoffmann.

Mais c'est surtout pendant les vacances du demi-terme que l'on peut faire des excursions prolongées et dans un périmètre plus étendu.

Voici le récit de l'excursion faite pendant l'hiver; je respecte le style de l'élève-écrivain :

« Environ quinze ou vingt de nous sont allés à Londres par le train qui part à 9 heures 29, et qui arrive à la station de London Bridge à 11 heures 45. De là, nous fûmes au Tower Bridge. Nous montâmes jusqu'en haut. Comme il y avait du brouillard, nous ne pûmes pas voir très loin, mais nous eûmes une très bonne vue du haut de la tour de Londres. Après avoir regardé la barrière du traître, nous entrâmes dans la White Tower, qui est la principale tour et nous avons pu voir une imitation du sceptre et de la couronne d'Angleterre.

« Ensuite, nous allâmes regarder les armures. Il y en avait de très belles et de toutes les époques. Quand nous eûmes regardé tout, nous allâmes visiter la Beauchamp Tower, en traversant la place où Anne Boleyn fut exécutée. Dans la Beauchamp Tower, il y avait beaucoup d'initiales et d'incriptions gravées par les personnes qui ont été enfermées dans la tour. On distinguait celles de Lady Jane Grey, et plusieurs de la famille des Peveril. Il y a des centaines d'initiales dans une chambre qui sans doute était divisée en plusieurs compartiments. Quand nous eûmes fini, il fallut traverser Londres pour nous rendre à South Kensington pour y déjeuner; aussi nous prîmes le chemin de fer souterrain à Mark Lane.

« Après avoir dîné à South Kensington, nous nous divisâmes en trois groupes. Le premier alla entendre Sarasate, qui joua deux morceaux de sa composition, deux de Wieniawski et un de Brahms. Le second alla voir l'établissement de reliure de Zaehnsdorf, où il observa les différents états dans lesquels un livre passe depuis qu'il a été livré par l'imprimeur jusqu'à ce qu'il soit complètement terminé. Le troisième alla voir le cinématographe au Polytechnic qui vaut bien le prix que l'on paye. Nous allâmes ensuite à la National Gallery, puis, par Westminster Abbey, à un restaurant où nous avions rendez-vous. Après avoir pris le thé, nous nous rendîmes à la station de Victoria, où nous trouvâmes des élèves qui avaient été chez eux. Nous arrivâmes à Bedales après nous être beaucoup amusés. »

E. L. Guilford.

Le congé du demi-terme du printemps a été l'occasion d'une nouvelle excursion, qu'un autre élève raconte en ces termes :

« Comme toujours nous avons eu nos vacances du demi-terme, et nous avons pu passer cinq bons jours à Rustington. Nous sommes partis le matin du 19 juin et nous ne sommes revenus que le soir du 23.

« Les cyclistes sont partis le samedi à cinq heures du matin et, malgré quelques chutes et écorchures, arrivèrent à Rustington à 11 heures. Les autres partirent par le train de 9 heures pour Brighton, et au delà jusqu'à Angmering station. Nous allâmes directement au cottage de Mme Giles pour y déposer nos provisions. Nous ne pûmes avoir le même cottage que l'année dernière, mais nous fûmes aussi bien. Le châtelain mit aimablement à notre disposition une prairie pour notre campement. Ensuite nous allâmes sur la plage et nous prîmes un bain. Après le dîner, nous nous amusâmes sur les pierres qui sortaient de l'eau; il y a toujours tant de choses différentes sur la plage au bord de la mer, aussi est-ce notre station favorite. Quelques-uns se mirent à lire.

« A quatre heures et demie, nous prîmes le thé qui consistait en tartines et gâteaux avec de la limonade comme boisson; puis nous nous occupâmes à dresser nos tentes. Le temps, qui avait été très beau au commencement de la journée, se gâta, et une petite pluie fine commença à tomber dans la soirée; heureusement le capitaine Nash nous avait montré à très bien dresser nos tentes, et nous étions à l'abri; nous couchâmes tous sous deux tentes, la troisième fut réservée au garage des bicyclettes. Nous prîmes le thé sous les arbres, mais la pluie étant survenue, nous dûmes le finir rapidement. Sous nos tentes, nous employâmes notre soirée à lire et à chanter. Parker, qui

BÉDALES. — CAMPEMENT A RUSTINGTON PENDANT LES VACANCES DU DEMI-TERME.

avait apporté son violon, en joua et accompagna le « *God save the queen* ». Les tentes étaient très bonnes et ne laissèrent pas pénétrer une goutte de pluie, quoique l'averse ait duré toute la nuit. Dès qu'il fit trop sombre pour lire ou chanter, nous nous couchâmes. Nous avions chacun deux couvertures et une grosse botte de paille, et nous nous trouvâmes très confortables.

« Le lendemain vers six heures, la pluie avait cessé et il ne faisait pas chaud : quelques-uns prirent tout de même un bain, les autres dormirent jusqu'à 8 heures 1/2, puis nous déjeunâmes. Un ancien élève, Blow, nous fit la surprise d'arriver se joindre à nous vers le milieu du déjeuner; nous fûmes très heureux de le voir; il ne nous quitta que le lundi matin.

« La marée était basse quand nous allâmes sur la plage; nous jouâmes à plusieurs jeux et nous étions engagés dans une partie de foot-ball, quand nous dûmes nous arrêter à cause de la mer qui arrivait.

« Dans l'après-midi, nous nous amusâmes soit dans les rochers, soit à lire; après le thé, M. Powell et quelques élèves chantèrent des chansons et des rondes à la grande joie des villageois. Nous terminâmes la journée par un jeu et nous allâmes nous coucher.

« Mais auparavant nous engageâmes une véritable lutte avec notre directeur, M. Badley, pour lui enlever l'oreiller qu'il avait eu le luxe

BEDALES. — SUR LA PLAGE DE RUSTINGTON.

d'emporter pour lui; il le défendit vigoureusement et put le conserver malgré nos efforts.

« Le lendemain matin, avant le déjeuner, pendant que la plupart dormaient encore, Parker nous fit une lecture. Après le déjeuner, une partie d'entre nous allèrent chercher les deux bateaux à Littlehampton, les autres se rendirent sur la plage. Après le bain, nous eûmes le dîner. Puis, comme la veille, nous organisâmes un jeu avant d'aller nous coucher, pleins d'espérance pour la fête du lendemain.

« Quand nous nous réveillâmes, le mardi, le temps était lourd et le brouillard épais, mais le soleil se montra de bonne heure. Nous allâmes, Enfield et moi, à Littlehampton acheter un feu d'artifice qui coûta sept shillings.

« La mer étant un peu houleuse à marée haute, les vagues inondèrent nos barques, et nous fûmes obligés de les abandonner. Nous nous mîmes alors à faire une grosse provision de bois pour notre feu d'artifice. Après les jeux et le thé, nous allumâmes sur la plage nos feux de joie, qui durèrent de neuf heures à dix heures. Puis vint le feu d'artifice. La première fusée ne partit pas, mais ensuite ce fut très réussi. Nous ne rentrâmes sous nos tentes que vers onze heures, très heureux de notre journée

« Le mercredi, nous pliâmes nos tentes, descendîmes sur la plage et montâmes en barque pour aller à Littlehampton. Ensuite nous prîmes le train de 4 h. 37. Nous arrivâmes à Bedales vers 7 heures 1/2 du soir : ce fut la fin de nos vacances du demi-terme. »

E. R. Gittins.

On vient de dire que quelques élèves s'étaient rendus à Rustington à bicyclette. L'un d'eux fait le récit suivant de cette excursion :

« Le 19 juin, Hoffmann, Atkinson, Enfield et moi nous partîmes pour Rustington.

« Après un déjeuner très matinal, nous nous mîmes en route à quatre heures du matin, en passant par Cuckfield et Cowfold. Nous arrivâmes à Billingshurst vers sept heures du matin ; nous déjeunâmes dans une petite auberge avec du lard, des œufs et du café. Il y avait un vieux piano sur lequel Hoffmann essaya de jouer le « *God save the queen* », mais la plupart des notes ne rendaient aucun son. Nous repartîmes à huit heures et demie ; la chaleur se fit alors fortement sentir, et ce fut très dur de gravir les montées ; mais une partie de la route était sous bois, ce qui fut très agréable. Pour les cinq derniers milles, nous fîmes une véritable course et nous arrivâmes à Rustington à onze heures, juste une heure avant ceux d'entre nous qui devaient arriver par le train.

« Nous eûmes le temps de prendre un bain. Nous avions fait 40 milles.

« Le mercredi suivant, trois d'entre nous partirent pour effectuer le retour à bicyclette. Nous prîmes la route de Brighton : nous nous baignâmes à Brill's Swimming Baths. En arrivant à la deuxième moitié du dernier mille, Hoffmann tomba et se fit une écorchure ; ce fut notre seul accident. Nous avions fait 36 milles ; nous avions par plaisir allongé notre route. »

G. P. Potter.

VI. — LES SOIRÉES LITTÉRAIRES ET ARTISTIQUES.

Nous avons dit que les soirées, — du moins pendant les jours courts, — sont consacrées à des séances littéraires et artistiques. On s'en fera une idée exacte par les détails suivants que publie le *Record*.

Voici d'abord les renseignements que nous

donne un des élèves sur les *Soirées littéraires* :

« Pendant l'hiver et le printemps, les soirées littéraires ont alterné avec les soirées musicales. Le comité, composé de M. Grubb, professeur, et des élèves Parker, Hoffmann, Matthews et Bennett, a été chargé du choix des récitations et lectures. Il avait d'abord été question de fondre les soirées littéraires et musicales, mais ensuite on a préféré les faire alterner.

« Il a été décidé que chaque membre du Comité serait tour à tour chargé de l'organisation de la soirée du mercredi, ce qui donna beaucoup de travail à chacun d'eux. Toutes les soirées ont été un véritable succès, particulièrement celle où on a joué « *les Rivaux* ». Nous avons entendu les morceaux les plus différents depuis les plus sérieux jusqu'aux plus comiques. »

R. Bennett.

La *Musique* occupe une place importante dans les soirées, ainsi qu'on peut en juger par le compte rendu suivant :

« Voyons en quelques mots les progrès et les résultats que nous avons obtenus pour la musique pendant ces deux derniers termes.

« D'abord le chœur, qui a toujours été une

partie importante, est vraiment très bon maintenant; les voix ont acquis beaucoup de sûreté d'intonation : de jeunes voix ont été ajoutées, et les trois ou quatre garçons les plus âgés ont de belles voix de basse. Nous avons de bons morceaux d'ensemble à notre service religieux, le dimanche, et à nos réunions musicales de semaine.

« Les jeunes garçons font aussi de grands progrès en solfège, depuis qu'ils ont pris la méthode du Dr Bridge et celle de M. Taylor, qui permettent d'arriver très rapidement à lire la musique.

« L'orchestre tient aussi maintenant une place importante; il soutient très bien les voix et nous rend les services de l'orgue. Il a fait de grands progrès avec l'exécution des danses allemandes » et la « sonate de Purcell ».

« Ce terme de printemps, les élèves de l'orchestre ont bien exécuté une symphonie d'Haydn et ont beaucoup charmé nos soirées musicales, auxquelles les élèves de piano ont apporté leur contribution.

« Nous avons eu des concerts les jours suivants : le mercredi 7 octobre, le mercredi 21 octobre, le vendredi 6 novembre, le mercredi 18 novembre, le mercredi 2 décembre, le mercredi 3 février, le mercredi 17 février, le mercredi 3 mars, le mercredi 17 mars (fête de St-Patrick).

« Le mercredi 31 mars, M. et Mme Badley ont prié M. Rodd, le violoniste, de venir prendre part à notre réunion musicale qui était notre dernier concert, et nous lui adressons ici tous nos remercîments pour le plaisir que nous avons eu à l'entendre. »

O. B. Powell.

Une mention spéciale est consacrée à l'*Orchestre*.

« L'orchestre a maintenant une année d'existence; considérant sa jeunesse nous pouvons être fiers de lui. Dans ce court espace de douze mois, il a appris à se faire écouter et comprendre de ses auditeurs; il a donné une preuve de sa valeur en exécutant l'andante de la première symphonie de Beethoven. Ses différents exécutants ont grandi en force et en science musicale. Nos musiciens observent maintenant très bien l'ensemble de la mesure et des nuances; l'expression ne consiste plus seulement dans l'exécution des *forte* et des *piano*, mais ils rendent l'idée et le sentiment de l'auteur. Plus de soins ont été donnés à chaque note dans toutes les parties de violon, violoncelle et piano. Si l'orchestre continue à faire autant de progrès, nous pouvons espérer un grand plaisir de l'audition de la 5e symphonie de Beethoven. Nous donnons ici un grand encouragement à nos camarades de l'orchestre. »

F. A. G.

Une autre occupation intéressante, pendant certaines soirées, est la *Lecture* des grands écrivains :

« Pendant la dernière partie du terme, plusieurs d'entre nous ont été, une fois par semaine, dans le cabinet de travail de M. Badley, après la prière du soir, pour lire des pièces de Shakespeare. Nous avons débuté par « *le Marchand de Venise* ». Cela nous a beaucoup amusés; Shakespeare est difficile à lire et le lecteur avait quelquefois une mauvaise prononciation. Nous avons ensuite commencé « *Coriolan* », et nous espérons que ces lectures deviendront une institution permanente dans l'École. C'est la meilleure manière de lire Shakespeare et d'apprécier la valeur de son œuvre. Quelle différence avec celui qui le lit seul et en silence! »

W. A. HOFFMANN.

Outre la littérature, la musique et les lectures, une partie des soirées est consacrée à des *Conférences* faites soit par les professeurs, soit par des personnes étrangères à l'École. Elles portent sur des sujets très divers et très propres à donner aux élèves des notions utiles et intéressantes sur un grand nombre de questions.

Nous croyons utile de reproduire en partie le compte rendu développé qu'en donne l'élève S. Parker, pour bien mettre en relief l'intérêt qu'il y aurait à introduire cette pratique dans nos écoles trop fermées jusqu'ici aux notions de la vie extérieure :

« Selon l'usage, nous avons eu des conférences variées sur des sujets différents tous les samedis soirs; quelques-unes ont été illustrées par des projections, d'autres par des dessins sur le tableau noir. La conférence d'ouverture a été faite par M. Grubb, qui nous a raconté un voyage qu'il avait fait à bicyclette dans le *Nord de l'Irlande*. Il est parti de Belfast dans la direction du nord en suivant la côte de *Giant's Causeway*. Les vues principales ont été celles de Londonderry, Belfast et les villes principales intéressantes. Il nous a raconté en détail le siège de Londonderry.

« La seconde conférence a été faite par M. Powell sur les « Lacs ». C'était un récit d'un voyage de plusieurs semaines passées dans le *district des Lacs* et illustré par des vues en couleurs; M. Powell nous a parlé de Canon Rawnsley et de son ouvrage sur l'église de Crosthwaite près de Keswik. L'école des Arts et de l'Industrie de Keswick, dont Canon Rownsley est un des fondateurs, a pour but de trouver des emplois à certaines catégories d'ouvriers, pendant l'hiver. On leur apprend à fabriquer divers objets en bois, en cuivre repoussé, qu'ils peuvent vendre aux visiteurs pendant l'été.

Le samedi suivant, M. Badley nous fit une conférence sur « *les Jeux Olympiques* ». Nous n'avons pas eu de projections, mais seulement des dessins sur le tableau noir. M. Badley commença en nous disant que les Jeux Olympiques faisaient partie de la religion des Grecs, et que c'était une des raisons de l'enthousiasme général qu'ils excitaient. Il nous dressa un plan d'Olympie et nous fit le programme complet des jeux, des luttes, des compétitions, etc... Il termina, en nous parlant des courses qui avaient amené le développement de ces jeux, du temps et du travail considérable qu'ils demandaient aux Grecs.

« M. Rice fit la quatrième conférence sur les « *Alchimistes* ». Il commença par nous dire que le but des Alchimistes était de trouver de l'or, l'élixir de la vie, la pierre philosophale. Il nous raconta la vie des plus célèbres alchimistes.

« M. Grubb nous fit la cinquième conférence sur la «*Normandie* », avec de nombreuses projections.

« Le samedi suivant, M. Powell nous raconta *la vie de Schumann*, le grand compositeur. Il apprit le piano et la musique contre le gré de son père. A Heidelberg, il fit la connaissance de Weik, le pianiste, étudia sous sa direction et épousa sa fille. Quelques années après, ses compositions, d'abord accueillies avec enthousiasme, furent ensuite critiquées et peu goûtées par le public. Découragé, Schumann essaya de se suicider; puis il tomba malade et mourut misérablement à l'hôpital.

« M. Rice donna ensuite une conférence sur *Christophe Colomb,* dont il nous raconta la vie si mouvementée et si instructive.

« La huitième conférence fut faite par M. Badley sur le « *Théâtre des Grecs* ». Ce fut la dernière du terme d'hiver. Il nous fit la description des théâtres anciens de la Grèce qui étaient vingt fois plus grands que les nôtres et qui étaient en plein air. Nous comprîmes bien la différence qui existe entre nos théâtres modernes et ceux des peuples grecs anciens. Comme il était impossible aux acteurs de se faire entendre aussi loin, on remédiait à cet inconvénient avec des masques qui étaient de véritables porte-voix. Il n'y avait pas comme aujourd'hui de véritables scènes. Les pièces étaient jouées trois fois par an et chaque représentation durait trois jours. Il y avait quelquefois deux cents personnes sur le théâtre, mais trois ou quatre seulement remplissaient les rôles actifs. Comme pour les jeux, ces pièces étaient l'objet d'une religieuse observance. Les poètes qui briguaient l'honneur d'être joués, concouraient ensemble, et lorsqu'ils étaient acceptés, un homme riche de la ville, pouvant supporter une dépense aussi forte, se chargeait de tous les frais de la représentation. Aucune femme n'était admise, ni aucun garçon au-dessous de douze ans. Dans ce court aperçu, je n'ai pas mis le quart des choses intéressantes qui nous ont été racontées.

« Pendant le terme du printemps, M. Badley nous fit la première conférence sur les « *Événements contemporains* ». Commençant par la crise du Vénézuéla avec les États-Unis, il nous fit une description des deux pays et des causes du désaccord. Il nous parla ensuite de la question d'Orient, du Mahdi, de Gordon et de Khartoum et finit par quelques mots sur l'expédition de Nansen, en nous annonçant une conférence spéciale sur ce sujet.

« M. Powell nous fit ensuite une conférence sur *les Routes*, depuis les routes romaines jusqu'à nos jours, et sur les moyens de transports depuis les anciens jusqu'aux chemins de fer actuels.

« M. Grubb nous parla, la fois suivante, de l'*Architecture*, en nous faisant la description des différents styles. Ce fut si intéressant que, depuis, plusieurs d'entre nous ont obtenu la permission de faire des promenades tous les dimanches pour visiter les églises et les monuments anciens de notre district.

« M. Rice nous fit une conférence sur l'*Époque glaciaire* et l'illustra par des vues de rochers et des blocs fendus par l'action de la glace.

« Puis vint une autre conférence de M. Badley sur « *la Crise du sud Africain* ». Il nous exposa le gouvernement des Boërs à Johannisburg où M. Rhodes et le Dr Jameson jouèrent un rôle important.

« La « *Guerre franco-allemande* » fut le sujet de la conférence suivante. M. Powel nous expliqua les causes de la guerre ; la différence entre l'armée française et l'armée allemande, le caractère des soldats des deux pays et finit par le récit du siège de Paris.

« M. Rice nous fit une conférence sur « *Bedales autrefois* ». Ce fut une sorte de conférence géologique dans laquelle notre professeur nous donna les raisons des géologues en faveur de « l'évolution ». Nous eûmes des projections des animaux préhistoriques, des fossiles, etc., sur lesquels on s'appuie pour ces théories.

« Mme Badley nous donna la dernière conférence sur « *Schubert, sa vie et ses œuvres* ». Après la conférence, M. Powell nous chanta plusieurs morceaux des chefs-d'œuvre de Schubert. Le récit de la vie de Schubert fut illustré par des vues de Vienne, sa ville natale, et par le portrait des personnages dont les poèmes inspirèrent ses œuvres.

« Ce fut une des meilleures conférences de la saison, nous fûmes ravis de notre soirée. »

F. S. PARKER.

Ces élèves paraissent d'ailleurs également « ravis » de leur École, dont les notes, écrites par eux, donnent une idée si séduisante. C'est une de nos plus grandes erreurs de croire que l'École doit être une sorte de prison où règne partout et toujours la contrainte. Le travail est d'autant plus fructueux qu'il est plus attrayant. Il n'est pas nécessaire que l'ennui fasse partie du programme.

Mais l'idée libératrice qu'il faudrait surtout faire pénétrer dans l'esprit de nos pédagogues, c'est, d'abord, qu'on apprend autant hors des livres que dans les livres, ainsi que nous venons de le constater.

C'est, ensuite, qu'un enfant n'apprend pas en proportion du temps qu'il passe assis devant une table, mais en proportion du temps pendant lequel il travaille réellement.

C'est, enfin, que, pour augmenter la somme de travail réel dont il est capable, on doit introduire une grande variété dans les divers exercices de chaque jour.

Voilà précisément ce que les programmes actuels ne font pas.

Maintenant, vous pouvez comparer la méthode scolaire, qui donne une si grande variété de connaissances, avec notre méthode qui hypnotise les enfants devant l'étude presque exclusive des langues anciennes, sans réussir seulement à les leur apprendre.

Car, en fin de compte, il faut toujours en revenir à cette pénible constatation.

CHAPITRE VIII

L'ÉCOLE DES ROCHES. — RENSEIGNEMENTS PRATIQUES.

Situation de l'École.

L'École des Roches est située en Normandie, dans le département de l'Eure, à 2 kilomètres de la station de Verneuil-sur-Avre, sur la ligne de Paris à Granville. Elle est à 2 heures de Paris par les trains express.

Cette région, qui est à une altitude de 170 mètres, est largement aérée, ce qui lui assure des conditions particulièrement favorables au point de vue hygiénique.

Les bâtiments de l'École s'élèvent au milieu d'une propriété de 23 hectares composée d'un parc, de prairies, de terres en culture et d'un bois de sapins où seront installés divers jeux.

Les services de l'École seront établis suivant

les derniers perfectionnements et les meilleures conditions d'hygiène. On a adopté, pour le chauffage, un système de circulation de vapeur à basse pression, ce qui supprime les inconvénients graves des bouches d'air chaud; pour l'éclairage, l'électricité par incandescence. La force électrique, produite dans un bâtiment annexe et emmagasinée dans des accumulateurs, actionnera également les divers services de la buanderie, de la laiterie, de la ferme, les pompes à eau, etc. L'École sera ainsi, par elle-même, un véritable atelier de démonstration scientifique, d'autant plus que ces diverses installations sont faites par le professeur de l'École, ingénieur des Arts et Manufactures, chargé d'enseigner la mécanique, la physique et la chimie.

Un autre professeur s'occupe spécialement de la décoration intérieure. Un autre, des plans et devis des nouvelles constructions. Certains aménagements secondaires sont différés jusqu'à la rentrée, afin que les élèves puissent y prendre part.

Ainsi l'École sera vraiment créée, organisée et aménagée par les professeurs et par les élèves. Elle sera la première des leçons de choses. Et cela est bon.

L'Ecole est directement reliée avec tous les points de la France et de l'étranger par le téléphone ou par le télégraphe.

La station de Verneuil est une bifurcation desservie par quatre lignes de chemins de fer : à

ÉCOLE DES ROCHES. — L'ANCIENNE FAÇADE.

l'est, vers Paris; à l'ouest, vers Granville; au nord, vers Évreux, Rouen et Dieppe; au sud, vers Chartres et Orléans.

But de l'École.

L'École a pour but de faire aussi rapidement et aussi complètement que possible des hommes,

14

au point de vue moral (1), au point de vue intellectuel et au point de vue physique.

On s'efforcera de développer l'amour du travail, qui sera rendu plus fructueux et plus attrayant; le sentiment de la responsabilité, du respect et de la maitrise de soi-même, l'habitude de l'énergie et de l'endurance. Nous voulons, suivant l'expression d'un de nos correspondants, « créer de la volonté, de la force, des corps et des âmes d'hommes ».

Cette École est une institution d'enseignement classique et moderne, mais suivant un programme nouveau mieux adapté à la nature de l'enfant et aux nécessités de l'enseignement.

Son programme permet aux élèves soit de se préparer au baccalauréat classique ou moderne et aux diverses Écoles, soit d'entreprendre directement l'agriculture, la colonisation, l'industrie ou le commerce.

Les divisions de l'année scolaire.

L'année scolaire est partagée en trois termes, ou périodes, comprenant chacune environ trois

(1) L'enseignement religieux sera donné par l'aumônier de l'École.

mois. Les élèves peuvent être admis au commencement de chacun de ces termes. 1° *Le terme d'automne* commence dans la seconde quinzaine de septembre et se termine avant la Noël. — 2° *Le terme d'hiver* commence dans la

ÉCOLE DES ROCHES. — UN COIN DU PARC.

seconde quinzaine de janvier et se termine avant Pâques. — 3° *Le terme de printemps* commence trois semaines après Pâques et se termine à la fin de juillet.

L'année est donc coupée par trois périodes de congés. Celle des « grandes vacances », en août et septembre, est plus courte que dans les écoles actuelles ; les deux autres sont plus longues. Mais les congés intermédiaires, soit hebdomadaires soit mensuels, sont supprimés. Par suite de cette suppression, la durée totale des vacances est un peu moins longue que dans les lycées : 110 jours environ au lieu de 128. Mais ces vacances sont mieux réparties, aussi bien pour les élèves que pour les professeurs.

Cette répartition en trois périodes avec suppression des sorties hebdomadaires et mensuelles présente de réels avantages.

D'une part, elle n'interrompt pas aussi fréquemment la vie scolaire. D'autre part, ces séjours au foyer, plus prolongés, séparent moins complètement l'enfant de sa famille ; il y reste assez longtemps chaque fois pour en recevoir une influence. Ainsi la vie de famille et la vie de collège restent associées et elles le sont d'autant plus que ce type d'École est vraiment organisé sur le type de la famille.

Conditions d'admission.

Les enfants sont admis dès l'âge de huit ans, et ils peuvent rester à l'École jusqu'à ce qu'ils aient complètement terminé leurs études.

Cependant, comme il importe, au début, de créer parmi les élèves un nouvel état d'esprit et les habitudes que comporte ce genre d'école, on n'admettra, pour la première année, que les enfants au-dessous de quatorze ans. L'année suivante, on les admettra jusqu'à quinze ans, et ainsi de suite en ouvrant une classe de plus chaque année, jusqu'à ce que tout le cadre de l'enseignement soit constitué.

Le prix de la pension, pour les élèves qui entrent avant d'avoir quatorze ans, est de 2,250 francs par an, *jusqu'à la fin de leurs études.*

Ceux qui entrent après quatorze ans, payeront 2,500 francs par an.

Une réduction est accordée lorsque deux frères sont à l'École en même temps.

Les fournitures demandées aux parents et les faux frais seront réduits dans la plus étroite limite. La literie, les draps, les serviettes de toilette et de table, sont fournies par l'École. Le dessin, la musique, le chant, la gymnastique sont compris dans le prix de la pension, sauf les leçons particulières de professeurs étrangers qui peuvent être demandées par les parents.

De plus, l'École prend à sa charge les frais de voyage des élèves qui iront faire en Angleterre, ou en Allemagne, un stage de trois mois, six mois ou un an, afin d'apprendre à parler l'anglais ou l'allemand. Les parents n'auront à payer aucun supplément pour ces périodes.

Les élèves séjournant à l'étranger seront périodiquement visités par un professeur de l'École.

En prenant ces frais de voyage et de visites à la charge de l'École, nous voulons encourager les parents français à faire séjourner leurs fils à l'étranger. Nous ne saurions trop les engager à les y envoyer aussi jeunes que possible, à l'âge où l'on apprend le plus facilement les langues (1). Les enfants pourront ensuite étudier sans difficulté la grammaire et la littérature en anglais ou en allemand. Leurs pro-

(1) Je ne puis m'empêcher de citer à ce sujet l'exemple suivant, qui arrive à ma connaissance au moment où je corrige les épreuves de ce volume. Un des pères de famille dont je reproduis une lettre au chapitre Ier a envoyé à Bedales son fils âgé de douze ans. L'enfant est entré à cette école le 16 septembre de cette année. Or, le 6 octobre suivant, c'est-à-dire *vingt jours après*, le père m'écrit : « ... Cette école semble créée pour mon fils... Il me dit qu'il peut déjà sans difficulté demander à table tout ce qu'il veut et qu'il s'assimile bien la langue anglaise. » Voilà le résultat de vingt jours. Certainement, cet enfant saura, en six mois, plus d'anglais que les élèves de nos collèges en dix ans.

grès seront ainsi plus rapides et plus réels.

Il sera fait des arrangements spéciaux avec les directeurs d'Écoles de l'étranger qui désireraient nous envoyer des élèves pendant un certain temps, dans le but de leur apprendre à parler le français.

ÉCOLE DES ROCHES. — L'EMBARCADÈRE DE L'ÉCOLE SUR L'ITON.

Mais ces enfants devront présenter toutes les garanties très strictes que nous exigerons absolument de nos élèves ordinaires. Ceux dont la conduite serait gravement répréhensible seront immédiatement renvoyés.

Ce contact avec des étrangers pourra être

très profitable à tous, non seulement au point de vue de la pratique des langues, mais aussi de la compénétration mutuelle de ce que chacun a de meilleur.

A mesure que les communications s'étendent et que les relations entre peuples se multiplient, c'est une condition de succès dans la vie que de mieux comprendre la langue et les mœurs des autres pays.

L'avenir n'appartient pas à ceux qui, — à l'exemple des Chinois, — se replient sur eux-mêmes en s'admirant béatement, mais à ceux qui s'ouvrent des vues sur le dehors, qui savent regarder ce qui s'y passe et en faire leur profit.

Enfin, aux parents qui pourraient trouver le prix de la pension trop élevé, je répondrais :

Ayant dû moi-même prendre, pour mon compte, une décision semblable, j'ai pu vérifier qu'on ne pouvait assurer qu'à ce prix les avantages incomparables de ce genre d'École. Le système de la grande école-caserne est plus économique en apparence; mais c'est l'enfant qui est sacrifié.

Il faut se dire ensuite qu'on ne doit à son fils qu'une chose, mais qu'on la lui doit absolument et en conscience : la meilleure éducation

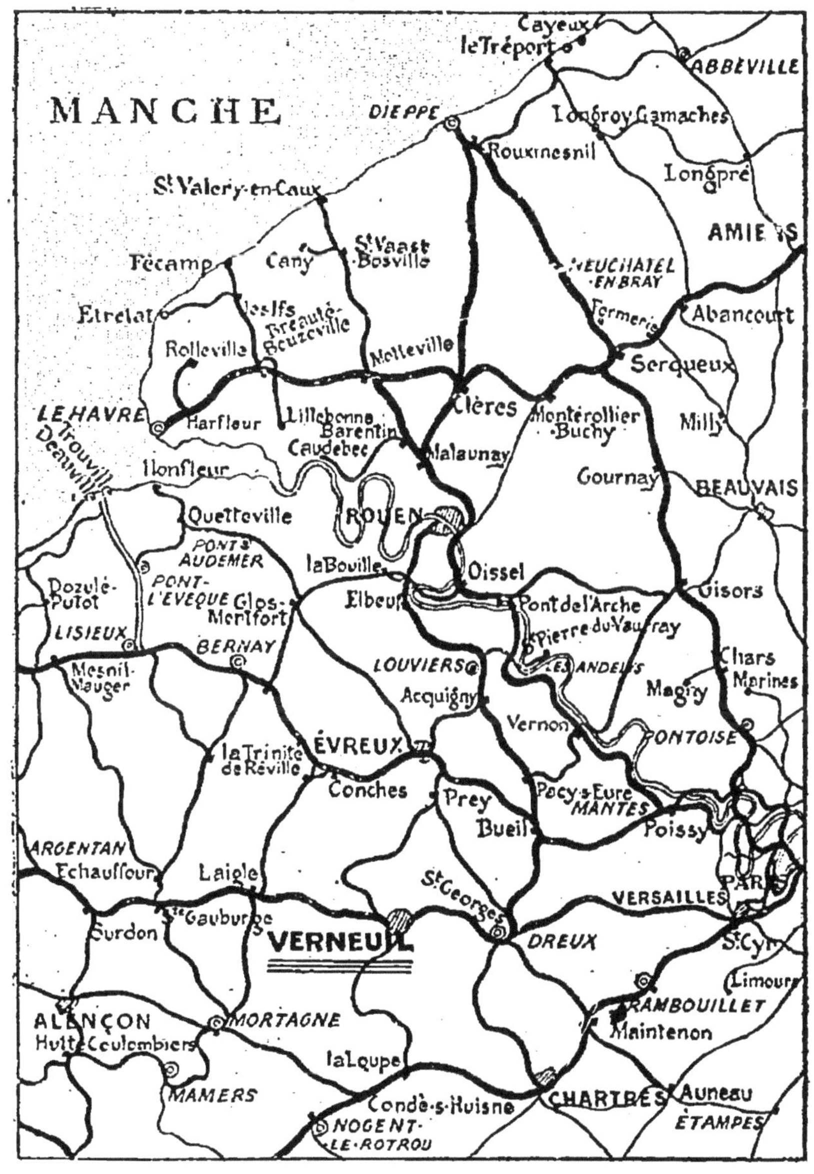

CARTE DE LA RÉGION DE VERNEUIL.

possible, la mieux adaptée aux nécessités actuelles de la vie. Avec cela et la bénédiction paternelle, c'est à lui de se tirer d'affaire.

En agissant ainsi, un père remplit mieux son devoir, qu'en donnant à son fils une éducation qui le laisse désarmé devant les difficultés de la vie, et en se saignant ensuite aux quatre veines pour le doter.

La meilleure dot d'un garçon, c'est une éducation virile.

Les communications et les demandes de renseignements supplémentaires doivent être adressées à l'Administrateur de *l'École des Roches*, Verneuil-sur-Avre, Eure.

Adresse télégraphique ou téléphonique : Les Roches, Verneuil-sur-Avre. — Les dépêches sont téléphonées à l'École sans frais d'express.

Station et bureau de poste : Verneuil-sur-Avre (Ligne de Paris à Granville). Omnibus à la gare à tous les trains. L'École est à 2 kilomètres de la station.

L'ouverture de l' « École des Roches » *aura lieu au commencement d'octobre* 1899.

APPENDICES

PREMIER APPENDICE

LA RÉFORME DE L'ENSEIGNEMENT

CONFÉRENCE DE M. JULES LEMAITRE A LA SORBONNE (1).

Mesdames et Messieurs,

Il y a de tristes vérités que vous connaissez tous. Nous sommes présentement dépassés, et de beaucoup, par d'autres peuples en activité productive. La France n'est plus une puissance industrielle ni commerciale de premier ordre. Nos colonies ne nous sauveront que si nous savons les exploiter. Tout le monde convient que nous avons besoin des réformes les plus sérieuses; tout le monde sait aussi que la réforme qui enveloppe et conditionne toutes les autres, c'est celle des individus. Mais, il n'est plus temps, n'est-ce pas? de réformer chez nous tous les individus adultes ou mûrs. C'est donc sur les générations naissantes qu'il faut agir; ce sont nos enfants qu'il faut élever de telle sorte qu'ils soient plus sains et plus forts que nous.

(1) Cette conférence a eu lieu le 5 juin 1898.

Or, il y a de terribles disconvenances entre l'enseignement qui est donné à la plupart des enfants des classes moyennes et ce qu'ils auront à faire dans la vie.

Je voudrais : 1° parler contre l'enseignement classique; 2° parler pour l'enseignement moderne et en esquisser, si je puis, le programme.

I

Malgré les modifications tâtonnantes et contradictoires introduites depuis vingt-cinq ans dans les programmes, malgré les surcharges et les maquillages, l'enseignement secondaire classique est resté dans son fond ce qu'il était sous l'ancien régime. (On le donne moins bien, voilà tout.)

Qu'est-ce à dire? Tout a changé; les découvertes de la science appliquée ont profondément modifié les conditions de la vie pour les particuliers et pour les peuples, et la face même du monde; le règne définitif de l'industrie et du commerce est advenu; nous sommes une société démocratique et industrielle, menacée ou plutôt à demi ruinée déjà par la concurrence de puissantes nations : et les enfants de notre petite bourgeoisie, et nombre d'enfants du peuple passent huit ans à apprendre — très mal — les mêmes choses que les Pères Jésuites enseignaient autrefois — très bien — dans une société monarchique, dans une France dont la suprématie était reconnue par l'Europe et à une époque où le latin était langue internationale, aux fils de la noblesse, de la magistrature et des classes privilégiées!

N'est-ce pas un anachronisme effronté? Et la croyance à l'utilité présente de cette éducation n'est-elle pas un préjugé extravagant?

Mais je me défierais de cet argument « a priori » si je ne le sentais confirmé par mon expérience personnelle, — et j'ajoute : par la vôtre, Messieurs, car votre cas est plus ou moins pareil au mien; et c'est ce qui me permet de parler ici de moi-même sans manquer à la modestie.

Vous savez ce que disent les partisans de l'ancien enseignement : « Nous sommes les descendants spirituels des Grecs et des Latins. Apprendre leurs langues, c'est apprendre les origines de la nôtre et, par conséquent, la mieux connaître. C'est communier avec un passé glorieux, c'est nous rattacher à la plus illustre des traditions, c'est étendre notre vie. Ces études sont pour nous la meilleure discipline. Ces anciens livres sont des trésors d'idées générales et de pensées généreuses. Ce n'est pas pour rien que les études classiques s'appelaient jadis les humanités. Nous y puisons l'amour du beau, le goût, le sentiment de l'ordre et de la mesure. Ces langues et ces littératures sont d'excellentes éducatrices, etc.

Or, à l'heure qu'il est, je ne sais plus un mot de grec, et il ne m'arrive pas trois fois par an de lire du latin : la vie est trop courte. — Mais peut-être ces langues, que je néglige aujourd'hui, ont-elles laissé en moi un dépôt d'émotions nobles et d'idées dont je continue à profiter sans m'en apercevoir? — Franchement, je n'en crois rien.

Toutes les fois que je songe à quelque œuvre antique, je suis forcé d'avouer que je ne l'atteins pas d'une vue directe. Elle ne m'apparaît plus qu'à travers les versions enrichies qu'en ont données les classiques français et, par surcroît, à travers les interprétations de la critique contemporaine. Et sa beauté même ne m'est sensible que par le rapprochement que j'en fais avec des œuvres plus proches de moi.

Et qu'est-ce donc enfin que ce fameux trésor d'idées générales, d'idées éducatrices, dont les littératures grecque et latine auraient le monopole?

Ne parlons pas du grec qui, même dans l'enseignement supérieur, n'est très bien su que de quelques spécialistes. Ce trésor, prétendu unique et irremplaçable, ce sont quelques pages de Lucrèce, dont le principal intérêt est d'être vaguement darwiniennes; ce sont quelques scènes de Plaute et de Térence, presque toujours inférieures aux imitations que Molière en a faites ; ce sont, dans Virgile, quelques morceaux des « Géorgiques », qui ne valent pas tels passages de Lamartine ou de Michelet, et les amours de Didon, qui ne valent pas les amours raciniennes de Bérénice ou de Roxane; ce sont les chapitres de Tacite sur Néron; c'est, dans les épîtres d'Horace, la sagesse de Béranger et de Sarcey; c'est l'éclectisme déjà cousinien des compilations philosophiques de Cicéron; c'est le stoïcisme cornélien des lettres et des traités de Sénèque; et c'est enfin la rhétorique savante, mais assez ennuyeuse, de Tite-Live et du « Conciones ». Rien de plus, en vérité.

Or cela se trouve, d'abord tout entier ramassé dans le seul Montaigne, puis tout entier répandu dans les écrivains du dix-septième siècle, poètes, dramaturges, moralistes, philosophes, orateurs, où nous n'avons qu'à l'aller prendre. Toute la « substantifique moelle » de l'antiquité, nos classiques, depuis le seizième siècle, se la sont assimilée. Ils l'ont digérée pour nous. A quoi bon refaire une besogne qu'ils ont si bien faite, et recommencer inutilement, pour notre compte, cette longue digestion?

En réalité, et nous le sentons bien, ce n'est pas aux Grecs ni aux Romains (sinon d'une façon très accessoire et très indirecte), que nous devons la formation de notre cœur et de notre esprit. Mais c'est d'abord à l'Évangile; c'est aux écrivains classiques français, c'est à Montaigne, à Pascal, à La Bruyère; c'est à Voltaire et à Rousseau; c'est à Chateaubriand, à Lamartine, à Vigny, à Michelet, à Sainte-Beuve, à Renan et à d'autres de chez nous.

Et, parce que j'ai passé douze ans de ma vie à apprendre le latin et le grec, je connais de plus en plus que je ne sais rien. J'ignore l'anglais, que parle la moitié du monde, et je ne sais presque pas d'allemand. Vous me direz qu'il ne tenait qu'à moi de les apprendre quand j'étais jeune; mais est-ce ma faute si, comme presque tous les autres enfants, je ne disposais que d'une faculté de travail intellectuel limitée et médiocre et qui s'est trouvée absorbée tout entière par ces langues défuntes dont une tradition aveugle m'imposait l'étude et d'où je devais retirer si peu d'avantage?

La beauté allemande et la beauté anglaise, que j'entrevois si riches, si profondes, me sont closes. Je ne suis même pas capable de voyager avec fruit. J'ai oublié le peu que j'ai su des mathématiques et des sciences naturelles; mes membres sont maladroits; je ne possède même pas un métier manuel, et je serais, dans une île déserte, le plus dépourvu des Robinsons. Je ne suis bon à rien, qu'à écrire. Et cela même, je n'oserais jurer que c'est à mon latin que je le dois; car ni vous ni moi n'avons la prétention d'écrire plus purement, après tout, que Louis Veuillot, qui n'avait suivi que les cours de la « mutuelle », ni que George Sand, qui n'avait pas « fait ses classes ». Alors?...

Il reste que l'étude des langues mortes vaille du moins comme exercice désintéressé de l'esprit. Mais pourquoi l'étude des langues vivantes vaudrait-elle moins à cet égard? Autant que je puis en juger, la grammaire allemande est plus belle, plus harmonieuse dans sa complexité que la latine, et ne l'est pas moins que la grecque. — Et quant à la substance intellectuelle et morale des littératures antiques, ce n'est pas seulement par les classiques de chez nous qu'elle pénétrerait dans l'esprit de nos enfants, c'est encore — et combien enrichie! — par les langues et les littératures modernes.

Si donc le bénéfice du latin m'échappe, à moi qui l'ai passablement su il y a vingt ans et qui ai été ce qu'on appelle un « mandarin » (je peux le dire sans vanité, puisque nous sommes des milliers), et si, au contraire, je vois clairement ce qu'il m'a empêché d'acquérir, de quel profit le latin peut-il être pour les neuf dixièmes de nos collégiens, qui ont encore l'air de l'apprendre, mais qui ne le savent pas et ne peuvent pas le savoir?

Car on n'a osé ni rayer le latin des programmes où l'on a même conservé le grec (pourquoi, mon Dieu?), ni maintenir les méthodes éprouvées par lesquelles seules le latin peut être sérieusement appris. J'ai vu les cahiers et les « devoirs » de quelques adolescents pris au hasard : c'est lamentable. Il est clair que leur latin ne leur servira même pas à écrire en français avec propriété si ce don n'est infus en eux, ou à comprendre les latinismes de nos écrivains classiques : ce qui serait pourtant encore un assez petit gain et hors de toute proportion avec ce qu'il aurait coûté.

Ainsi ils auront deux fois perdu leur temps, puisqu'ils l'auront passé à ne pas apprendre une langue qui, l'eussent-ils apprise, leur serait à peu près inutile. Et ce temps aurait donc été mieux employé, je ne dis même pas à l'étude des langues vivantes, des sciences naturelles et de la géographie (c'est trop évident), mais au jeu, à la gymnastique, à la menuiserie, — à n'importe quoi, la débauche exceptée.

II

Entendez-moi bien : il ne s'agit pas de « découronner » l'esprit français. Il ne s'agit pas de supprimer les Facultés des lettres, le Collège de France, l'École normale supérieure, l'École des hautes études, ni l'École des Chartes. Il ne s'agit pas d'abolir la haute culture, dont l'enseignement secondaire classique est une condition, et par conséquent il ne s'agit pas de détruire cet enseignement, mais de savoir s'il est raisonnable de le donner, comme on fait, à la majorité des enfants de la bourgeoisie, grande ou petite.

Il est très bon qu'il y ait des érudits, des épigraphistes, des historiens, des juristes, des philosophes, et même de simples humanistes. Mais soyez tranquille, nous en aurons toujours assez, et ceux qui nous resteront n'en vaudront que mieux, puisqu'ils n'obéiront qu'à un goût décidé et à une vocation impérieuse.

D'ailleurs, je ne m'occupe pas ici des exceptions, mais de la masse.

Je dis qu'un bachelier ès lettres moyen, c'est-à-dire un bon jeune homme qui ne sait ni le latin ni le grec, mais qui, en revanche, ne sait pas mieux les langues vivantes, ni la géographie ou les sciences naturelles, est un monstre, un prodige de néant.

Ce qui serait à souhaiter, le voici :

Pour la grande majorité des enfants de la bourgeoisie (laquelle continuellement s'alimente et se renouvelle dans le peuple), un « enseignement moderne » non plus hybride comme il est aujourd'hui, mais largement et franchement organisé et dont les programmes ne paraîtront plus calqués, latin et grec en moins, sur ceux des études classiques.

Transformation de la plupart des lycées actuels en lycées d'enseignement moderne. Deux ou trois lycées de Paris et, si l'on veut, ceux des villes d'universités, demeureront seuls consacrés à l'enseignement du grec et du latin, auquel on rendrait sa force par la restauration des vieilles méthodes.

Enfin, égalité pour les deux enseignements en ce qui regarde l'entrée à l'École de médecine et à l'École de droit. C'est une plaisanterie de prétendre que le grec et le latin sont nécessaires à un médecin, à un pharmacien, à un juge, à un avocat. Pour que le médecin connaisse la terminologie de son art, il lui suffit d'apprendre un vocabulaire de deux ou trois cents mots latins ou grecs. Le lexique indispensable à l'avocat est moindre encore. Et il existe de fort bonnes traductions des ouvrages de droit romain, — auxquelles d'ailleurs je doute qu'il ait souvent recours.

Ce troisième point que je réclame heurtera, je le sais, bien des préjugés, mais il me paraît nécessaire. Il ne cessera de l'être que lorsque le Français aura perdu la superstition des professions libérales. Un universitaire de grande expérience me disait : « Tant que le latin sera exigé pour être avocat, magistrat et médecin, il n'y aura rien de fait, et beaucoup de pères de famille, même pensant comme vous et moi, enverront « à tout hasard » leurs enfants sur les bancs de l'enseignement classique. L'autre continuera de se recruter surtout parmi les enfants pauvres d'argent et d'intelligence ; et l'élite de la nation continuera de fournir principalement des fonctionnaires et des ronds-de-cuir, hélas ! »

Un des principaux obstacles au développement de l'enseignement moderne, c'est, en effet, la vanité bourgeoise.

C'est par vanité pure que la plupart des pères de famille bourgeois, — et parmi eux des instituteurs, de petits fonctionnaires, de petits employés, de petits boutiquiers, — s'obstinent à demander pour leurs enfants l'enseignement secondaire classique. « Faire ses études », « faire ses classes », cela, chez nous, n'a qu'un sens : apprendre le grec et le latin ; comme si les autres classes et les autres études ne comptaient pas, étaient quelque chose de médiocrement reluisant et honorable, bon seulement pour le peuple. Il faudrait faire comprendre à ces braves gens, — et peut-être surtout à leurs femmes, — à quel point cette vanité est ridicule.

L'humanisme, je le veux bien, est une aristocratie, mais une aristocratie de surcroît, et seulement chez ceux qui sont déjà aristocrates par l'esprit. Et on peut l'être sans grec ni latin. Un garçon de cœur et d'énergie, robuste, hardi, habile aux exercices du corps, nourri de bonnes études commerciales, muni de notions pratiques, possédant un métier ou une industrie, et qui, par là-dessus a bien lu, et pour son plaisir, quelques-uns des écrivains classiques français, est un être plus intéressant, plus vivant, de plus grande valeur morale, et, tranchons le mot, plus « distingué » que les trois quarts de nos pâles et vides bacheliers ès lettres.

III

Mais le programme de cet enseignement, comment le concevrons-nous? Il n'est peut-être pas inutile de préciser, de sortir des généralités faciles, d'entrer un peu dans le détail.

Il me semble que ce programme se divise assez naturellement ainsi :

1° Cours de langue et de littérature françaises On insisterait principalement sur nos classiques du dix-septième siècle, car toute la moelle des littératures antiques est en eux, et aussi toute la substance morale du christianisme. Et leur exemple ne serait pas moins efficace que celui des anciens pour apprendre aux adolescents « à composer », à mettre dans leurs pensées l'ordre et le mouvement. — Bien entendu, à propos de nos classiques, il ne serait point interdit aux professeurs de donner aux élèves, par des causeries et au moyen des traductions, quelque idée des littératures grecque et latine. — Les exercices et « devoirs » de style ne seraient point proscrits, mais on éviterait les sujets trop artificiels, comme de faire haranguer Charlemagne par Witiking ou de faire expliquer par Ronsard à François Ier l'idée qu'on aura de la Renaissance trois siècles plus tard.

2° Cours de langues étrangères, et particulièrement d'allemand et d'anglais. — Cet enseignement devra être « pratique ». Aujourd'hui, on applique à l'étude des langues vivantes presque les mêmes méthodes qu'à l'étude des langues mortes. Il faut profiter du moment où les enfants ont la mémoire toute fraîche, et s'arranger pour qu'ils apprennent les langues modernes en les parlant plus encore qu'en les écrivant.

3° Notions d'histoire et de géographie. — Il ne s'agit pas d'introduire dans la cervelle de ces petits malheureux des kyrielles de faits secondaires et qui n'ont en eux-mêmes aucune signification, ou d'interminables séries de dates et de noms de batailles, qu'ils ne tarderont pas à oublier. Les grands événements politiques et sociaux, l'histoire des institutions et des mœurs, et celle des grands hommes, voilà ce que le professeur devra leur faire connaître sommairement, — en complétant çà et là ces indications par quelques pages de nos grands historiens. — Il ne serait pas mauvais non plus d'exposer aux enfants, tout en gros (et sans les contraindre à l'admirer), le régime politique et administratif sous lequel nous vivons, et de leur donner quelques clartés de notre dur Code civil.

Mais c'est sur la géographie qu'il faudra surtout s'arrêter. Car il semble bien que la première chose à connaître, c'est la figure de la planète. Ç'a été peut-être une idée géniale de Raoul Frary, ce précurseur, de faire de la géographie le centre même de l'enseignement et de vouloir que les autres sciences ne fussent enseignées qu'à l'occasion de celle-là. On n'en séparerait point, en tout cas, les quelques notions de cosmographie, de géologie et d'économie politique qui s'y rattachent naturellement.

4° Notions d'algèbre, de géométrie, de physique, de chimie, d'histoire naturelle. — Simples « notions », je dis bien. Par exemple, on n'enseignerait, en géométrie, que les théorèmes typiques et, en physique et en chimie, que les expériences qui, par la méthode, sont représentatives de beaucoup d'autres et qui ont amené les découvertes célèbres. On y joindrait l'histoire, presque toujours si intéressante et souvent héroïque, des auteurs de ces découvertes. Rien de plus. Les enfants qui « mordraient » à ces sciences les approfondiraient plus tard.

5° Jeux, gymnastique, sports divers, excursions, visites à des ateliers et à des manufactures. Tous les enfants apprendraient un métier manuel, et ce serait, j'en suis sûr, un de leurs grands plaisirs. — Un bon tiers des journées serait accordé à cette partie du programme.

(J'aurais bien ajouté une sixième partie, qui eût été un cours de philosophie et de morale. Mais j'entends que tous les professeurs, et notamment ceux de littérature et d'histoire, soient, dans leur enseignement particulier, par les réflexions dont ils sauront l'entremêler et par la manière même dont ils le donneront, des professeurs de morale et de philosophie.)

Cet enseignement secondaire moderne —, qui d'ailleurs ne serait point uniforme et qui varierait, comme « dosage » des matières, selon les régions, — les enfants le recevraient de douze à seize ans. Après, ils se « spécialiseraient » décidément. Quelques-uns entreraient dans un des grands lycées que nous conserverions, pour y achever leurs études scientifiques et pour s'y préparer à l'École polytechnique ou à Saint-Cyr. D'autres voyageraient. D'autres iraient passer une année dans un collège anglais ou dans un gymnase allemand. D'autres entreraient d'emblée dans le commerce ou l'industrie. D'autres compléteraient eux-mêmes leur instruction et se développeraient librement dans le sens qu'il leur plairait.

Nous supprimons le baccalauréat, ès lettres ou

ès sciences. Nous le remplaçons par les notes données et les certificats délivrés dans les lycées modernes et, sous le contrôle paternel de l'État, dans les établissements libres.

Nous voudrions bien aussi, ou supprimer l'internat, ce qui forcerait les parents à s'occuper un peu plus de leurs enfants, ou n'installer des lycées d'internes que dans la campagne. Cela se fera peu à peu, quand les pères de famille en auront sérieusement le désir.

Et maintenant, gardez-vous de juger trop vaste le programme que j'ai esquissé. Il est vaste, oui, mais extrêmement souple; il a du jeu et du flottant. Chaque maître le préciserait pour sa part, et à sa guise; plus soucieux d'ailleurs de solliciter les esprits que de les bourrer, et n'oubliant pas que l'instruction elle-même doit être, avant tout, considérée comme un procédé essentiel d'éducation.

Ne jugez pas non plus mon programme trop réduit. Il l'est seulement quant à la connaissance du passé. Mais, la jeunesse étant trop courte pour tout apprendre, il faut nécessairement faire la part plus grande, soit aux études dont l'objet se déroule dans le temps, soit à celles dont l'objet s'étend dans l'espace. On ne peut hésiter dans ce choix. Ce qu'il est le plus urgent de connaître, c'est évidemment l'état actuel du monde et ce que l'homme, par la science, en saisit présentement.

Enfin, ne jugez pas mon programme trop peu reluisant. Ne dites pas que ce que j'organise, c'est une sorte d'enseignement primaire supérieur : car cela me serait égal, et je n'ai pas la superstition des mots. Mieux vaudrait, au surplus, pour la masse des enfants de notre bourgeoisie, un enseignement primaire fécond qu'un enseignement secondaire stérile.

Et ne dites pas davantage que, trop libres sous des maîtres qui eux-mêmes se joueraient trop à l'aise dans des programmes trop assouplis, les enfants en profiteraient simplement pour ne rien apprendre du tout. Je ne le crois pas; mais quand même? Qu'ont-ils à y perdre? Puisqu'il est établi que les neuf dixièmes des élèves ne retirent rien de l'enseignement classique, ils en retireraient toujours bien autant du moderne, et ils y gagneraient d'être moins abrutis. Je parle très sérieusement.

Mais ce rêve si sensé (je m'en flatte), et en somme si modeste, comment le réaliser? Où trouvera-t-on les professeurs? Car il faut qu'ils soient excellents. — Eh bien donc, ceux de l'enseignement moderne le deviendront, par cela seul que, étant plus libres, ils prendront plus d'intérêt à leur tâche. Puis, l'enseignement classique, à mesure qu'il se déchargera (comme je l'espère), nous prêtera une partie de ses professeurs. J'aurais médiocre opinion d'eux s'ils trouvaient la tâche ingrate, ou inférieure à leur science, ou au-dessous de leur dignité. (Quand j'étais professeur de lycée, si on m'avait confié des enfants de douze à seize ans, en me disant de leur faire connaître notre littérature de la façon que je voudrais, j'aurais été enchanté et j'aurais bien mieux aimé cela que de préparer des rhétoriciens au baccalauréat ès lettres.)

En même temps, — et tandis que l'École normale de la rue d'Ulm, réduite à un plus petit nombre d'élèves, mais augmentée d'une section des langues vivantes, continuerait à fournir des maîtres aux lycées de l'enseignement classique et aux universités, — on fonderait une École supérieure de l'enseignement moderne, qui serait, si vous voulez, l'ancienne École de Cluny transformée, relevée, agrandie.

Tout cela n'a rien de chimérique. Je ne suis point un utopiste qui apporte du nouveau : je ne propose que d'achever l'œuvre de Victor Duruy. Je ne fais que retrancher l'inutile, dans le dessein de vivifier le reste. Il ne s'agit que de simplifications. Le Conseil supérieur, autrement composé qu'il n'est aujourd'hui, pourrait beaucoup dans cette affaire.

Remarquez que l'enseignement moderne a, lui aussi, sa tradition et ses titres de noblesse. Si l'on considère que le latin était au seizième siècle la langue universelle, — et la langue même de la science; et si l'on met à part certains exercices aristocratiques, convenables à un fils de roi, — on peut dire que l'enseignement donné par Epistémon au jeune Gargantua est justement celui que je réclame.

Et ainsi le patron de l'enseignement moderne n'est autre que le sage François Rabelais.

Il ne faut donc pas que l'opinion publique dédaigne cet enseignement. Il ne faut pas qu'on le considère comme moins noble, moins élégant que l'enseignement classique. Un tel jugement impliquerait que la littérature, la philosophie, l'érudition sont des emplois supérieurs en soi et socialement supérieurs aux autres. Or, c'est là un préjugé pitoyable. Et c'est, à plus forte raison, un préjugé de croire qu'un peu de grec et de latin péniblement ânonné (ce qui ne suffit évidemment pas pour faire un érudit ou un humaniste) constitue, pour les élèves de l'enseignement classique, une supériorité sur ceux qui ont simplement amassé des notions pratiques et immédiatement utilisables...

Il faudrait, voyez-vous, que l'enseignement moderne fût à la mode. Si les classes privilégiées et dirigeantes étaient persuadées de ce que je vous ai dit; si elles demandaient pour une bonne partie de leurs enfants un enseignement qui pousse et prépare à l'action et qui n'est pas seulement accommodé à l'œuvre industrielle, commerciale, agricole, mais aussi à la vie d'entreprise, de voyage, d'aventure, de belle activité extérieure, que doivent rêver des jeunes gens riches et « nés » (comme on disait jadis), la petite bourgeoisie suivrait cet exemple, — et nous serions sauvés.

Jules Lemaitre.

DEUXIÈME APPENDICE

LA SUPÉRIORITÉ DE L'ÉCOLE ANGLAISE SUR L'ÉCOLE ALLEMANDE PAR UN PROFESSEUR ALLEMAND

Après la guerre, tout le monde en France répétait : « Le vainqueur de Sedan, c'est le maître d'école allemand ». La phrase fit fortune. On la retrouvait partout, dans la presse, à la tribune des Chambres, au théâtre, où l'*Ouvrier* d'Eugène Manuel célébrait en vers médiocres et sages, les mérites de la classe du soir, du cours d'adultes, de l'instruction obligatoire. Le Père Didon, revenant en droite ligne de Berlin, la répétait en chaire et proclamait, dans un livre retentissant, que l'Allemand n'avait à s'enorgueillir que de deux choses : ses casernes et ses écoles ! La France était obsédée par cette idée qui émigra jusque dans les cafés-concerts. Combien de fois n'a-t-on point — entre 1872 et 1880 — entendu chanter, après quelque grivoiserie :

> Un peuple est fort quand il sait lire !
> Quand il sait lire un peuple est grand !

Et on imita l'Allemagne. On prétendit même la

dépasser dans cette voie de l'instruction à outrance. On multiplia les écoles ; on agrandit les Universités; on construisit de nouveaux lycées. C'était une revanche anticipée.

Grande fut la stupéfaction, quand on entendit l'Empereur Guillaume II, dans un discours que M. Demolins a cité, commenté, et critiqué dans son livre sur *la Supériorité des Anglo-Saxons*, tenir le langage suivant : « L'École n'a pas été à la hauteur à laquelle elle aurait dû être. L'École n'a pas fait ce qu'on est en droit d'attendre d'elle ». Ainsi, d'après l'Empereur lui-même, l'École allemande admirée en France avait fait banqueroute à toutes ses promesses.

Ces critiques d'ailleurs n'étaient pas nouvelles. Déjà, en 1828, Gœthe avait porté sur l'éducation allemande un jugement qu'il importe de rappeler :

« Je ne puis approuver, dit-il, qu'on exige de la « part de ceux qui étudient pour se consacrer au « service de l'État, tant de connaissances théo- « riques, tant de science; c'est là ce qui épuise « ces jeunes gens au physique et au moral. S'ils « entrent ensuite dans une carrière où il faut faire « de la pratique, ils posséderont sans doute une « provision immense de savoir et de philosophie; « mais ils ne peuvent mettre tout cela en usage et « sont forcés, en conséquence, de le rejeter à titre « de bagage inutile. En revanche, ils ont perdu ce « qui leur était le plus nécessaire, il leur manque « cette énergie morale et physique dont ils auraient

« besoin et qui leur est absolument indispensable, « s'ils veulent faire une entrée convenable dans la « vie réelle... Tous ces gens ont le cœur malade. Le « tiers de ces savants, de ces serviteurs de l'État « courbés sur leur table de travail, est atteint de « maux physiques et livré au démon de l'hypocon- « drie. C'est ici qu'il faudrait régénérer la société « dans ses parties supérieures, afin, du moins, de « préserver les générations futures d'une pareille « décrépitude. Espérons cependant; peut-être au « bout d'un siècle, aurons-nous assez gagné pour « cesser d'être des savants abstraits et des philo- « sophes, et devenir au contraire des hommes. »

Aujourd'hui, voici que les Universitaires allemands formulent à leur tour les mêmes critiques; et de même que les coups les plus rudes portés à notre Université l'ont été en pleine Sorbonne, de même, de l'autre côté du Rhin, ce sont maintenant les Docteurs en philologie, en philosophie, en théologie, qui médisent de l'instruction qu'ils ont la mission de répandre. L'un d'eux, le Dr Hermann Lietz, licencié en théologie, docteur en philosophie de l'Université d'Iéna, a fait paraître tout dernièrement à Berlin un livre que nous voulons faire connaître, et dans lequel l'École allemande est vigoureusement battue en brèche.

M. Lietz, qui a été professeur à l'École d'Abbotsholme, en Angleterre, décrit, dans la première partie de son volume, l'École du Dr Reddie, dont il approuve entièrement la méthode et le programme.

Le texte est accompagné d'illustrations; nous en reproduisons quelques-unes (1).

Dans la seconde partie, il compare l'École où l'on donne l'instruction, la *Unterrichtsschule*, à l'École où l'on donne l'éducation, la *Erziehungsschule*, c'est-à-dire l'École allemande actuelle, à l'École anglaise. Il conclut à la nécessité de transformer l'école allemande dans le sens anglo-saxon.

« La vieille espèce des professeurs, dit-il, est présentement dans une situation difficile. Dans tous les pays d'Europe, au tournant de ce siècle, nous assistons à un grand mouvement pédagogique. La transformation rapide des conditions de la vie moderne exige une éducation nouvelle qui lui corresponde..... — La vieille espèce des professeurs a pensé que son devoir principal consistait à enseigner à la jeunesse le latin, le grec, les mathématiques, le calcul, la lecture et l'écriture. Elle a cru qu'il lui suffisait de posséder ces diverses connaissances pour les communiquer à ses élèves. On se contenta de dicter des devoirs, les « extemporaux », de les corriger soigneusement, de distribuer les mauvaises notes, de multiplier les retenues..... L'École ne s'occupe que de l'instruction à donner. A la famille incombe le soin de faire l'éducation de l'enfant. »

Mais aujourd'hui, par suite des complications

(1) Le volume, écrit sous la forme d'un roman, est intitulé *Emlohstobba*, qui est l'anagramme d'Abbotsholme; Berlin, 1897; Ferd. Dümmlers Berlagsbuchhandlung.

ABBOTSHOLME. — LA RENTRÉE DU FOIN.

amenées par les nécessités de la vie moderne, « la maison familiale, en dépit de la meilleure volonté du monde, ne peut plus suffire à cette tâche éducatrice. L'École n'a pas encore le moyen de l'entreprendre. Elle ignore comment elle pourrait la mener à bien. L'enfant doit-il donc rester sans éducation? Doit-on livrer l'enfant à lui-même? toutes ces raisons militent fortement en faveur d'un changement de notre système actuel. »

Pour opérer cette transformation, le Dr Lietz déclare qu'il faut substituer la *Erziehungsschule* à la *Unterrichtsschule*, qu'il faut substituer à l'instruction qui ne développe que l'esprit, l'éducation qui donne « un juste développement de toutes les parties qui constituent la nature de l'enfant ».

Or la *Erziehungsschule* ne peut exister dans la grande ville. Les souvenirs riants que le Dr Lietz a rapportés d'Abbotsholme hantent visiblement son esprit. Dans la grande ville, « où tous les penchants, tous les instincts de la bonne et saine nature sont compromis ou supprimés, le jeune homme devient tout naturellement un être artificiel, mal portant, désagréable, aigri, pervers..... La première des forces éducatrices, c'est la nature et rien n'est naturel à la ville : allez à Hambourg, par exemple, et vous verrez comment, sur la scène des grands établissements de cette ville, nos grands poètes sont parodiés, comment Guillaume Tell vise, abat la pomme, sous les rires de tous, comment l'on vilipende l'expédition d'un Nansen..... On peut voir aussi comment une foule de parents conduisent là leurs enfants, y passent une grande partie de la nuit, à boire de la bière, à rire, à plaisanter..... L'on a envie de crier à la jeunesse qui n'a pas en-

ABBOTSHOLME. — LES ÉLÈVES AU JARDINAGE.

core pénétré dans l'enceinte de cette ville : « N'approchez point de cet air empesté, de cette atmosphère infernale ! »

La grande ville pervertit les caractères. Il est vrai que la *Unterrichtschule* n'a point du tout la prétention de les former. « Le but principal visé à la fois par les maîtres et par les élèves n'est point la formation des caractères, mais bien le succès à l'examen. »

Les examens, les diplômes, voilà l'idéal rêvé. Le « chauffage », voilà le système. Et quels piteux résultats on obtient! Ces jeunes gens, dont on gave l'intelligence aux dépens du corps, s'étiolent. « Ils sont nombreux ceux qui, au cours de leurs études et par suite de ce surmenage, contractent et emportent les germes de la tuberculose ou d'autres maladies..... Et, au sortir de leurs écoles, les jeunes gens n'ont, dans la plupart des cas, que la faculté d'enseigner dans une chaire de collège. Et si, par suite de l'encombrement, ils ne peuvent même pas parvenir à cette fonction, ils s'en vont recruter « le prolétariat des bacheliers..... ». Cependant nos agriculteurs, nos industriels cherchent et réclament à grands cris des régisseurs, des employés sans les trouver nulle part. Cependant, nos champs dix fois offerts ne trouvent ni acquéreurs ni fermiers et nous tombons de plus en plus dans le système des « *latifundia* » ! — A qui la faute? — Où est le remède? — Tout notre système d'enseignement et d'examens, où le seul élément intellectuel est en jeu, est devenu d'un exclusivisme monstrueux. Rien n'a plus gâté notre éducation que cela; rien n'a plus contribué à faire naître la situation intenable où nous nous débattons actuellement..... ».

Ainsi, ce qui frappe le Dr Lietz, c'est cet « *exclusivisme monstrueux* », qui réduit l'homme à un cerveau qui ne pense point, mais qui retient et enregistre, que l'on gave et qui n'assimile pas, et où les sens, le corps, qui forment pourtant avec l'esprit « ce tout naturel » qui est nous, ne comptent point. Comme si amoindrir le corps n'était point diminuer l'esprit, comme si l'homme ne devait pas, suivant l'expression si juste d'H. Spencer, être « un bon animal ».

Et que l'on juge si le Dr Lietz a tort d'appeler monstrueux un système d'éducation où « contre quarante heures de travail intellectuel il n'y a que trois ou quatre heures d'exercices physiques, de gymnastique ». Et encore quelle gymnastique! « Cette gymnastique met en jeu l'activité corporelle comme la grammaire apprend une langue..... On fait de la gymnastique comme si c'était une grammaire physique..... ».

Ces leçons de gymnastique ne sont naturellement pas données en plein air. « Que dire, quand on voit la course de fond avoir lieu dans une salle? La poussière que l'on y respire est-elle donc plus salutaire que l'air pur que l'on pourrait aspirer dans une course en pleine campagne, à travers les prairies et les bois? ».

Les autres exercices ne sont pas plus intelligemment compris. « Oui, quelques-uns de vos jeunes gens, dit le Dr Lietz en s'adressant à ses collègues des Universités allemandes, savent grimper à la perche et à la corde, sauter à l'aide d'un tremplin en longueur et en hauteur. Mais s'ils devaient en forêt grimper à un arbre, la plupart ne sauraient comment s'y prendre. S'ils sont en présence d'un fossé, ils s'arrêtent et ne savent trop s'ils le sauteront ou s'ils s'y laisseront tomber. — Et pourtant, le saut en hauteur par-dessus une corde, l'ascension d'une perche ne doivent pas être considérés comme une fin, comme un but à atteindre, mais comme un moyen de se rendre maître de la nature ».

Les sports ne sont guère plus en honneur que la gymnastique dans les écoles allemandes. D'ordinaire, ils ne sont qu'un prétexte à boire et à ne rien faire. « Football, canotage, bicyclette, ces exercices salutaires deviennent de cette manière malfaisants. » Mais ce n'est pas tout. A Abbotsholme, le Dr Lietz a vu les maîtres participer aux exercices sportifs des élèves, les encourager à la course, leur montrer comment on tient une rame, comment on lance un ballon. A l'École allemande, les choses se passent différemment : « Inactif et grondeur, le monde des maîtres fait aux sports une sourde opposition ..... Cela créée une nouvelle inimitié entre maîtres et élèves ».

Les travaux manuels sont encore plus dédaignés. « On répète aux élèves sur tous les tons : « Cela n'est pas convenable pour vous; il faut laisser cela aux ouvriers. »

Quant aux jeux proprement dits, ils sont réservés aux plus jeunes. Écoutez le Dr Lietz nous dévoilant l'état d'âme des élèves allemands.

« Mais que doivent faire les élèves durant les heures où ils ne sont pas tenus d'être assis devant leurs livres? Jouer en plein air? — Cela est bon pour les petits. Nous, les grands, nous ne pouvons plus jouer à colin-maillard ou à cache-cache..... Si les jeux en plein air sont ainsi interdits aux moyens et aux grands, il leur reste le jeu en chambre, le jeu de cartes, par exemple. Ils vont s'asseoir dans

ABBOTSHOLME. — LES ÉLÈVES A LA MENUISERIE.

l'arrière-boutique d'un cabaret et se mettent à jouer avec autant d'ardeur que la plupart de leurs maîtres. Et, comme ceux-ci, ils se font apporter de la bière, qu'ils dégustent..... En vérité, que de nobles passions, de nobles qualités s'implantent et se développent ainsi dans l'âme de ces jeunes gens..... Toutefois il leur reste encore une autre occupation. C'est presque le seul exercice physique qu'ils prennent. Cela est risible à voir : c'est la promenade. Et encore celle-ci se limite à un tour dans les rues de la ville : ils dévisagent insolemment les jeunes filles, ils les suivent et s'arrêtent finalement dans une brasserie. Naturellement les gants glacés ne manquent pas à l'appel, non plus que le clair pardessus d'été et que l'élégante canne de jonc. On ne ferait pas de conquête sans cet accompagnement. »

Comme cette promenade tapageuse et nuisible ressemble peu à celles que le Dr Lietz a pu voir à Abbotsholme. « Là, dit-il, les élèves ont, par semaine, une après-midi et par trimestre un jour entier à leur disposition. Ils en profitent pour faire des excursions. Mais ils se proposent un but déterminé dans une forêt, une vieille ruine, une carrière, etc..... Ils font de dix à vingt lieues anglaises, si parfaitement, que très peu de maîtres allemands et peu de leurs élèves pourraient les suivre..... » Dans ces promenades, ou plutôt dans ces véritables excursions, les élèves ne pensent guère, comme le remarque le Dr Lietz, à visiter les auberges et les brasseries.

Il n'est pas étonnant qu'avec un pareil système d'éducation l'École allemande ne donne aucun résultat, ni au point de vue physique, puisqu'il est complètement négligé; ni au point de vue moral, puisque les écoliers allemands passent tous leurs loisirs dans les cabarets et les tripots; ni au point de vue intellectuel, puisqu'ils n'apprennent pas pour savoir, mais seulement pour passer un examen et obtenir un diplôme, à une date qu'ils fixent d'avance et au moyen du détestable procédé du chauffage.

Suivant le Dr Lietz, l'écolier allemand est rendu peu apte à se débrouiller dans la vie; il est inca-

ABBOTSHOLME. — ÉLÈVES CONSTRUISANT LE RUCHER.

pable même de faire un bon soldat. Et le professeur allemand, qui n'est pas sans savoir qu'il fait vibrer ici la corde sensible chez son souverain, s'attarde longuement à élucider et à prouver ce dernier point :

« La « *Unterrichtsschule* » donne-t-elle une bonne préparation au service militaire?..... Jetez, je vous prie, un regard dans la demeure du « volontaire d'un an », à son retour de l'exercice ou de la marche. Il est couché tout habillé sur un canapé. Il ne veut entendre parler ni de manger ni de boire. Il est à bout de forces. Toutes les illusions avec lesquelles il était entré au service se sont vite évanouies. Autrefois c'était un admirateur enthousiaste de la vie militaire; maintenant il en est un contempteur. Cet homme attend avec impatience la fin de « cette horreur ». — Comment expliquer cela?

« Comment se fait-il que nous entendions chez nous d'innombrables et éternelles plaintes sur cette institution que l'étranger nous envie et qui fait l'admiration de l'Europe et du monde. Il n'y a pas d'enfant qui n'appelle de tous ses vœux l'heure où il pourrait marcher fier en une tunique brillante et bariolée, qui ne désire point devenir général, qui ne veuille pas, pour fêter son anniversaire, ou pour Noël, un casque, une trompette, un fusil, un sabre, etc. Partout on voit les enfants jouer aux soldats. Et pourtant, plus tard, beaucoup, vêtus de cet uniforme de grenadier, de hussard tant souhaité, s'ôtent la vie..... (On sait qu'il y a un grand nombre de suicides dans l'armée allemande.) Où est la cause de ce phénomène étonnant?

« La raison principale est dans l'opposition violente qui existe entre la « *Unterrichtsschule* » et le régiment. Les antiques Spartiates, les Athéniens, les Romains, les Germains, les chevaliers du moyen âge savaient que l'on ne commence pas l'instruction militaire d'un enfant à seize ou vingt ans. Il faut se préparer dès l'école à la vie virile par un entraînement progressif du corps. »

Inapte à produire des savants, inapte à produire des hommes, inapte à produire des soldats, détestée et dénigrée par ceux-là mêmes qu'elle instruit, semblable, suivant la comparaison du Dr Lietz, « à un jeune homme dont toutes les jeunes filles s'écartent avec dédain », la *Unterrichtsschule* doit s'écrouler sous le mépris et l'indifférence; elle doit disparaître si l'Allemagne veut rester grande et forte.

A sa place, le Dr Lietz déclare qu'il faut créer un nouveau type d'École.

« Le but visé par l'École du système ancien, dit-il, c'était et c'est encore l'assimilation d'un certain nombre de notions : le savoir..... Les petites écoles prétendent enseigner la lecture, l'écriture, le calcul, le catéchisme; les grandes, le latin, le grec, l'hébreu, les mathématiques..... Il ne s'agit plus ici seulement de savoir, de connaissances, mais de la formation du caractère. Il ne s'agit plus d'éduquer l'intelligence ou la mémoire, mais bien de développer toutes les forces, tous les sens, tous les organes, tous les membres, tous les bons penchants de la nature de l'enfant pour en faire un être dont toutes les parties s'harmonisent le plus possible. Il ne s'agit plus seulement d'apprendre à lire, à écrire, d'apprendre le grec. Il s'agit d'apprendre la vie ». Tel est l'idéal que l'École nouvelle doit réaliser. « Sa devise est « *Mens sana in corpore* « *sano* ».

Joignant l'exemple au précepte, le Dr Lietz vient

de fonder, en Allemagne, dans le Hartz, une école sur le modèle de celle d'Abbotsholme, pour réagir contre le système scolaire trop vanté de l'Allemagne.

J. C.

ABBOTSHOLME. — LA RÉCOLTE DES POMMES DE TERRE.

TROISIÈME APPENDICE

LE TYPE NOUVEAU DE L'ÉCOLE PROFESSIONNELLE OUVRIÈRE

Il ne faut pas aider l'ouvrier à végéter, mais à s'élever.

C'est une idée archaïque de considérer la situation d'ouvrier comme définitive ; cette situation tend de plus en plus à devenir *transitoire*. La machine, en prenant la place de l'homme, en le « despécialisant », suivant l'expression si exacte de M. Paul de Rousiers (1), l'a véritablement affranchi : elle lui a ouvert des situations nouvelles et multiples.

Le rôle de l'éducation actuelle est donc de rendre l'ouvrier apte à profiter de ces circonstances favorables.

L'homme d'aujourd'hui, — et l'ouvrier ne fait pas exception, — ne doit plus être comme le lierre qui s'attache, mais comme le chat qui rebondit toujours sur ses pieds, lestement.

(1) *La Question ouvrière en Angleterre*, par Paul de Rousiers, 1 vol. in-12. *Bibliothèque de la Science sociale*, librairie Firmin-Didot.

La visée de l'éducation doit donc être aujourd'hui d'élever la condition humaine d'une façon générale.

D'ailleurs les vieilles distinctions de classes vont s'affaiblissant de plus en plus.

La noblesse n'est déjà qu'une étiquette mondaine qui ne correspond à aucune réalité positive. Elle décline de jour en jour, ruinée par les préjugés qui l'éloignent du travail.

La partie de la bourgeoisie qui, par une sotte vanité, se pique de vivre noblement, ne réussit également, et pour les mêmes raisons, qu'à décliner noblement.

Ainsi l'évolution sociale actuelle tend à la fois à l'élévation des classes inférieures et à l'élimination des anciennes classes supérieures.

Il importe donc de créer le mode d'éducation qui préparera l'ouvrier à effectuer, dans les conditions les plus favorables, son ascension sociale.

Ce sont surtout les patrons, les chefs de la grande industrie et du grand commerce, qui sont en situation de prendre cette initiative, parce que, seuls, ils peuvent exercer une action directe et efficace sur leur personnel. Le meilleur moyen d'exercer cette action est la création de *Cours d'adultes* destinés à leurs jeunes ouvriers.

Avant de préciser ce que devrait être cet enseignement, je vais essayer de fixer les idées du lecteur par un exemple qui se présente à moi fortuitement.

La poste m'a apporté récemment une brochure

intitulée : *Annuaire de l'Association amicale des anciens élèves de l'École de Travail manuel de Creil (Oise). École Somasco.*

Cette École a été créée en 1887, — il y a par conséquent onze ans, — par M. Charles Somasco, chef d'industrie à Creil.

Il l'a installée dans son propre parc, à côté de son habitation. L'École se compose de deux corps de bâtiment parallèles, réunis par un troisième. A gauche, c'est l'Atelier-classe, à droite, le Musée industriel; en face, la Bibliothèque. Les élèves sont au nombre de quarante et l'admission est considérée comme une haute récompense. Les cours ont lieu trois fois par semaine.

M. Somasco assiste lui-même à toutes les leçons; sous sa direction, trois de ses contremaîtres, élèves eux-mêmes de l'École, donnent des conseils pratiques et vont d'un élève à l'autre, s'occupant attentivement de la besogne de chacun. Les Cours durent deux années.

Le jeudi matin, M. Somasco fait une sorte de causerie : il entretient les jeunes gens soit de la fabrication du fer, de la fonte et de l'acier, soit de l'usage et des propriétés des différents métaux, soit de notions de mécanique générale (composition des forces, équilibre, force vive, etc.); soit des moyens employés pour représenter les corps (dessin linéaire, dessin d'art, croquis à main levée, etc.); soit enfin de la classification générale des outils.

Le dimanche, le Musée et la Bibliothèque sont

ouverts aux élèves et anciens élèves. « M. Somasco, raconte M. Doliveux, inspecteur d'Académie de l'Oise, met son grand et beau jardin à leur disposition ; ces jeunes gens s'y promènent et y jouent, ou bien ils vont lire à la bibliothèque ou bien encore ils font de la musique et chantent ; et voici un détail charmant : Mme et Mlle Somasco viennent tous les dimanches au milieu d'eux, et, avec la meilleure grâce, se mettent au piano et accompagnent les artistes. Ce sont de vraies réunions de famille, comme les appelle M. Somasco, très simples, très cordiales, très gaies ; M. Somasco les prolonge quelquefois, en invitant à sa table, tous les quinze jours, l'un ou l'autre ou plusieurs de ces jeunes gens. Et tous, pénétrés de reconnaissance, entourent M. Somasco et sa famille de respect et de sympathie.

« Remarquez que cette œuvre *a été fondée et entretenue et qu'elle est dirigée par un seul homme, sans concours étranger, sans comité, n'ayant d'autre soutien que sa femme et sa fille...*

« La société des anciens élèves a un *Annuaire* régulièrement publié jusqu'ici. Et tous les ans, elle donne, dans la salle du Musée industriel, que nous appellerons pour la circonstance la salle du théâtre, une belle fête : les parents y sont invités, et les notabilités de Creil, et les membres de l'enseignement public, ainsi que tous ceux qui portent quelque intérêt à l'École... »

De pareilles tentatives sont encore trop rares.

mais on voit qu'elles sont possibles et qu'elles réussissent, lorsqu'elles sont conduites avec intelligence et dévouement. En tous cas, elles nous indiquent la voie dans laquelle il faut entrer et que je voudrais essayer de préciser.

Il s'agit moins de donner une instruction théorique et d'après des livres qu'une instruction pratique, utilisable immédiatement pour s'élever, soit dans une profession en particulier, soit dans toute profession en général. Il faut que le jeune ouvrier reçoive l'impression très nette que cet enseignement est, pour lui, un bon outil, au moyen duquel il peut fabriquer les degrés qui lui permettront de monter. Il faut qu'il ait cette confiance; cette confiance doublera ses forces et excitera son énergie. Rien n'est compressif de toute initiative comme l'idée où est actuellement l'ouvrier qu'il est rivé, pour toute sa vie, à une condition misérable. Il n'y est rivé que par la mauvaise entente des procédés par lesquels on s'élève.

L'enseignement dont je parle doit avoir un objet différent suivant qu'il s'adresse à des ouvriers de l'industrie, ou à des employés de commerce.

Pour les ouvriers de l'industrie, la base de l'instruction doit être le dessin et les sciences naturelles, dont les applications ont imprimé à l'industrie moderne son prodigieux développement.

Entendez-moi bien, il ne s'agit pas de faire étudier dans des manuels, mais pratiquement, par des manipulations chimiques dans le laboratoire, par des expériences de physique, par l'étude des plantes et des animaux faite sur des spécimens réels et non sur des textes ou sur des images.

Les élèves doivent en outre avoir à leur disposition des collections bien faites et bien classées des divers produits de l'industrie avec l'indication des principaux centres de production et de consommation. Ils apprendront ainsi une géographie pratique dont ils comprendront l'utilité pour eux et qui se gravera d'autant mieux dans leur esprit.

Pour les employés de commerce, la base de cette instruction doit être l'étude des langues vivantes, dont la connaissance est indispensable pour ouvrir à nos produits des débouchés nouveaux.

On peut bien dire qu'à ce point de vue tout est à faire, car la crise intense et grandissante de notre commerce tient en partie à notre ignorance des langues étrangères. Les progrès si menaçants du commerce allemand ont été accélérés par ce fait que la plupart des maisons de commerce d'outre-Rhin ont des employés, et au dehors des représentants, qui parlent et écrivent plusieurs langues. Avec chaque pays, ces maisons traitent les affaires dans la langue du pays. Mieux renseignées que nous sur les articles demandés, et sur la valeur de leurs clients, elles opèrent avec rapidité et en connaissance de cause. Elles n'attendent pas qu'on leur adresse des ordres, elles vont les chercher sur place et savent les provoquer.

Pour apprendre les langues, il faut commencer par nous débarrasser des procédés ridicules par lesquels on prétend nous les enseigner. On n'apprend une langue réellement et rapidement, qu'en la parlant. Par cette méthode, et pour les intelligences jeunes, les résultats sont surprenants.

Il s'agit donc d'organiser l'étude des langues vivantes en commençant non pas par la grammaire, mais par la pratique, suivant le plan indiqué pour l'École nouvelle.

Est-il besoin d'insister sur l'intérêt qu'auraient nos commerçants à organiser, ou à encourager, un pareil enseignement, qui leur fournirait des employés sans lesquels le commerce français ne peut que péricliter?

Nous ne sommes plus à l'époque où le commerce était limité à une petite région. Les chemins de fer ont étendu la clientèle jusqu'aux extrémités du monde et il faut être en état d'aller la chercher.

Outre l'étude des langues vivantes, cet enseignement devrait comporter des études de comptabilité pratique et de géographie commerciale. Mais la géographie devrait avoir pour complément des collections, bien faites et bien classées, des divers produits échangeables, avec l'indication des pays d'exportation et des pays d'importation.

Surtout, cet enseignement ne devrait pas avoir le caractère théorique en usage dans nos cinq ou six

Écoles de Commerce, où l'on n'apprend réellement ni les langues vivantes ni la pratique des affaires. Jusqu'ici, elles n'ont guère produit d'autres résultats que de dispenser quelques fils de riches commerçants de faire trois ans de service militaire.

Dans ces écoles, on a la prétention ridicule de former les « officiers » du commerce. On ne devient officier dans le commerce qu'en commençant par être un bon soldat : et ce bon soldat ne se forme que par la pratique intelligente. Voilà une conviction que nos « grands » commerçants feraient bien d'inculquer à leurs fils.

•

Mais il ne suffit pas de donner à ces jeunes ouvriers et à ces jeunes employés cette instruction pratique. Il est encore indispensable de les rendre capables de s'élever socialement.

L'homme nouveau qu'il s'agit de former, pour le mettre à la hauteur des destinées nouvelles, doit pouvoir monter sans être déplacé. Il ne s'agit pas de produire le type de l'ouvrier ou de l'employé « endimanché » ; j'entends par là un homme qui conserve, en s'élevant, les habitudes, la tenue, les manières, les idées d'un ouvrier ou d'un petit employé, qui a un langage commun, des manières communes, qui est négligé dans ses vêtements et dans sa personne, et, pour dire les choses crûment, qui a les mains sales et les ongles noirs.

Et ce n'est pas par un simple sentiment d'élégance ou de raffinement qu'il faut veiller à cela ; c'est parce que c'est là, pour le développement de l'industrie et du commerce, une condition de succès ; je ne dis pas que ce soit là une condition suffisante, j'entends que c'est une conditition complémentaire. Et voici pourquoi.

L'industrie et le commerce d'aujourd'hui ne peuvent pas être pratiqués à la façon de la petite industrie ou du petit commerce d'autrefois. Il y faut plus de largeur, plus ampleur, plus d'ouverture d'esprit, plus de compréhension des raffinements qu'exige la clientèle; une partie du succès tient à la manière dont on sait présenter les choses, les faire valoir et, en même temps, se présenter et se faire valoir soi-même, se tenir, s'exprimer, sentir et comprendre l'aspiration du public vers des articles meilleurs, ou vers des articles plus brillants, ou vers des articles plus élégants, ou seulement plus commodes, en un mot plus adaptés à des besoins qui vont se compliquant et se raffinant.

Il est clair que le montagnard auvergnat qui vient établir à Paris sa pitoyable boutique ne peut comprendre cela; il lui manque, par le fait même, un moyen de s'élever au-dessus de la situation de petit marchand de bois, ou de brocanteur.

Il faut donc que l'instruction pratique, dont nous venons de parler, soit complétée par tout un système d'éducation.

Cette éducation doit d'abord avoir en vue le corps, car c'est une de nos bêtises scolaires de ne voir dans l'homme que la tête. Il faut dresser ces jeunes gens à des habitudes régulières de propreté. Il faut leur apprendre que l'eau n'est pas l'ennemi du corps et qu'un ouvrier, ou un employé, a le droit d'être aussi propre qu'un gentleman, qu'il y a intérêt, car c'est là une des manières de s'élever et de réussir.

Cette éducation doit ensuite viser à développer les aptitudes artistiques, le goût et le sentiment du beau, non pas par un snobisme de dilettante, mais parce que l'art, le goût et le beau sont un des éléments au moyen desquels on maintient à un pays, à une race, la supériorité industrielle et commerciale. Et cela constitue bien en ce moment, vis-à-vis de la concurrence étrangère, notre dernière cartouche. On obtiendra ce résultat, en annexant à l'École un musée à la fois pratique et artistique.

Cette éducation doit encore avoir en vue de faire de cet ouvrier, de cet employé débutant, un homme du monde, j'entends par là un homme distingué, pour les raisons que j'indique plus haut. Pour cela, il serait utile d'organiser des soirées littéraires, musicales ou mondaines, auxquelles assisteraient le patron et sa famille, afin de donner le ton et de relever le niveau. Le public anglais qui, depuis un certain temps déjà, a compris l'intérêt et les conditions délicates de cette œuvre sociale, a imaginé plus d'un moyen pour y satisfaire, entre autres les *University settlements*, dont la presse française s'est récemment occupée.

Enfin, et c'est là l'objet essentiel, cette éducation

doit développer au plus haut degré la volonté, et sous ce mot il faut comprendre l'initiative, l'énergie, la persévérance dans les entreprises, le sang-froid. Notez bien que ce sont là les conditions essentielles du succès dans l'industrie et dans le commerce.

Une de nos grandes infériorités est de nous laisser décourager par le premier échec; nous ne savons pas poursuivre une entreprise qui exige une trop longue persévérance; nous voulons le succès immédiat, ou bien nous lâchons tout. En un mot, nous attendons ce succès beaucoup plus des choses que de nous-mêmes.

Cet état d'esprit sera modifié, la volonté, l'initiative seront développées par le seul fait que l'ouvrier acquerra la certitude, éminemment consolante et excitante, de n'être pas rivé fatalement à sa condition modeste, de pouvoir en sortir par son effort personnel, d'être secondé dans cette entreprise d'émancipation. Et si l'aide, en ce point, lui vient du patron, le patron ne lui apparaîtra plus comme un ennemi, mais comme un aîné qui le précède, qui le guide dans la voie où chacun peut désormais s'engager, s'il s'en rend digne.

TABLE DES MATIÈRES

APPENDICES

ILLUSTRATIONS

LIBRAIRIE DE FIRMIN-DIDOT ET Cie
56, Rue Jacob, Paris.

LA

SCIENCE SOCIALE

REVUE MENSUELLE

Directeur : M. EDMOND DEMOLINS

Les fondements de la science Sociale ont été établis par Le Play, après vingt-cinq années d'observations et de voyages entrepris dans les divers pays de l'Europe et de l'Asie.

Malheureusement, le cadre et la méthode adoptés par ce savant éminent n'étaient pas assez rigoureux. C'était le premier effort de la science.

C'est l'honneur de M. Henri de Tourville et des collaborateurs de la *Science sociale* d'avoir précisé et complété la méthode de l'observation sociale. Grâce aux travaux de cette Revue, les procédés d'étude des sociétés humaines ont été complètement renouvelés; ils possèdent aujourd'hui la puissance de démonstration et l'exactitude scientifique qui leur manquaient.

La première application de la nouvelle méthode fut faite, il y a douze ans, au *Cours d'Exposition de la Science sociale* professé par M. Edmond Demolins. Elle eut pour effet de donner immédiatement à l'exposé de la science un caractère méthodique et rigoureux qui frappa tous les auditeurs et assura le succès croissant de cet Enseignement (1).

C'est pour porter ces résultats devant le public, pour l'initier à ces études si nouvelles et le tenir au courant de leurs progrès successifs, que la Revue *la Science sociale* a été créée, en 1886.

En tête de chaque livraison, la *Science sociale* publie un article, *Questions du jour*, traitant, d'après la méthode scientifique, les problèmes actuels qui préoccupent le plus l'opinion.

Elle contient ensuite la reproduction *in extenso* des *Cours de science sociale*; — des *Descriptions méthodiques des différents pays*, destinées à expliquer leurs mœurs, leurs coutumes, et finalement à les comparer et à les classer selon leur organisation sociale; — des *Études sur les divers métiers*, montrant l'action différente que chacun d'eux exerce sur les populations qui s'y livrent; — des *Études historiques*, qui permettent d'apprécier rigoureusement les lois de l'évolution des sociétés humaines dans le passé; — des *Études littéraires et artistiques*, destinées à préciser l'influence de l'état social sur la littérature et sur

(1) L'Enseignement de la Science sociale a lieu dans l'Hôtel de la *Société de Géographie*, 184, boul. Saint-Germain. Il comprend un *Cours d'Exposition*, par M. Edmond Demolins, et un *Cours de Méthode*, par M. Robert Pinot.

l'art; — des *articles variés*, sur les relations qui existent entre le monde social et le monde physique, végétal, ou animal; sur l'organisation du travail, du salaire et de l'épargne; sur les pouvoirs publics et les conditions variables de leur fonctionnement, etc., etc.

La Revue s'occupe tout particulièrement des *Questions d'Enseignement et d'Éducation* et elle tiendra ses lecteurs au courant du fonctionnement de l'*École nouvelle*.

Enfin, *le Mouvement social* est consacré à la vulgarisation de la science et aux questions de réformes pratiques et actuelles.

La Science sociale parait depuis 1886, par livraisons mensuelles de plus de cent pages; avec son Supplément, le *Mouvement social*, consacré à la vulgarisation, elle forme trois volumes grand in-8° par an.

ABONNEMENT ANNUEL : France, 20 fr.; Étranger, 25 fr.

Le *Mouvement social* seul : France, 6 fr.; Étranger, 7 fr.

On s'abonne dans tous les bureaux de poste, ou en adressant un mandat-poste à M. PAUL LELOUP, administrateur de la Revue, à la librairie FIRMIN-DIDOT ET Cie, 56, rue Jacob, Paris.

Les douze premières années de la SCIENCE SOCIALE, formant vingt-quatre volumes, sont vendues au prix de 260 francs et pour les nouveaux abonnés, 240 francs.

SOCIÉTÉ

POUR LE DÉVELOPPEMENT DE L'INITIATIVE PRIVÉE

ET LA

VULGARISATION DE LA SCIENCE SOCIALE

But de la Société. — La Société a pour but de propager l'étude de la Science sociale et d'exciter le développement de l'initiative privée.

Action de la Société. — Elle s'exerce :

1° Par deux Publications mensuelles, l'une, le *Mouvement social*, consacrée à la vulgarisation et à la propagande; l'autre, la *Science sociale*, consacrée à l'étude scientifique des phénomènes sociaux;

2° Par des Ouvrages édités par la Société et formant une Bibliothèque. Ces volumes sont livrés aux membres à prix réduits;

3° Par des Enquêtes entreprises en vue de recueillir des faits précis, de les classer, et d'en dégager des enseignements positifs;

4° Par des Réunions d'étude et des Conférences, à Paris et en province;

5° Par des Subventions à l'Enseignement de la Science sociale;

6° Par des Bourses de voyage, ou Missions d'étude, en vue de faire des observations sociales en France et à l'étranger;

7° Par une Rétribution aux meilleurs travaux d'études sociales.

Recrutement de la Société. — La Société comprend trois catégories de membres :

1° Les *Membres souscripteurs*, qui versent une cotisation de 6 fr. (7 fr. pour l'étranger). — Ils reçoivent, en échange, le *Mouvement social;*

2° Les *Membres titulaires*, qui versent une cotisation de 20 fr. (25 fr. pour l'étranger). — Ils reçoivent, en échange, outre le *Mouvement social*, la *Science sociale;*

3° Les *Membres fondateurs de bourses*. — Les membres qui veulent bien souscrire pour une somme de 100 à 500 francs sont fondateurs de partie de bourse, ou de bourse entière. Ces bourses sont destinées à faire faire des voyages d'étude aux jeunes gens qui ont suivi avec le plus de succès l'Enseignement de la Science sociale.

On est admis, en adressant une demande au Secrétaire général
Bureaux de la SCIENCE SOCIALE, 56, rue Jacob, PARIS.

TYPOGRAPHIE FIRMIN-DIDOT ET Cie. — MESNIL (EURE).

www.ingramcontent.com/pod-product-compliance
Ingram Content Group UK Ltd.
Pitfield, Milton Keynes, MK11 3LW, UK
UKHW012010240726
13965UKWH00001B/271

9 782013 451000